~~NÃO~~ ESTÁ TUDO BEM

MAXIMIZE O IMPACTO PARA VOCÊ, A SOCIEDADE & O MEIO AMBIENTE

AUTORES

Raad Ajlouni & Mestre Wong

DESENVOLVIDO POR

impactagon.com

Direitos autorais © 2023

Raad Ajlouni

Todos os direitos reservados.

SUMÁRIO

PARTE I: AUTOAJUDA

PARTE II: AJA

PARTE III: IMPACTA

AGRADECIMENTOS

Gostaria de estender minha profunda gratidão ao Mestre Wong por seu companheirismo, comprometimento e consistência ao longo da jornada de escrita deste livro.

Com milhões de seguidores em todo o mundo, os ensinamentos do Mestre Wong sobre artes marciais e tai chi influenciaram inúmeras vidas ao trazer equilíbrio, força física e mental. Fui inspirado por sua história de vida, que demonstra como o livre arbítrio e a força de vontade podem não apenas ajudar alguém a superar dificuldades, mas também transformá-lo em uma fonte de inspiração para os outros.

Este livro é a fusão das experiências de vida de 2 indivíduos de origens, gerações e culturas diferentes, unidos por uma missão comum de transmitir um processo que supera adversidades, fortalece crenças e contribui para o bem-estar da sociedade e do meio ambiente.

Nossa colaboração resultou em um livro que começou como uma semente de conhecimento e se transformou em uma árvore de sabedoria. Seus frutos agora estão sendo compartilhados com você como uma fonte de orientação para se tornar a melhor versão de si mesmo.

A jornada de mil milhas começa com um único passo ou talvez com um único livro...

com paz,
Raad

GUIA DO LEITOR

Este guia do leitor destina-se a fornecer uma visão geral da estrutura do livro, conteúdo e como aproveitar ao máximo sua experiência de leitura.

"~~NÃO~~ ESTÁ TUDO BEM" é composto por 8 capítulos que se dividem em 3 partes:

PARTE 1: Autoajuda (Capítulos 1-2-3)

PARTE 2: Aja (Capítulos 4-5-6-7)

PARTE 3: Impacta (Capítulo 8)

Cada capítulo termina com um exercício prático elaborado para ajudá-lo a aplicar os conceitos e ideias explorados naquele capítulo.

Este livro faz parte do IMPACTAGON, uma plataforma maior de autoajuda que inclui um site complementar, uma ferramenta de autoajuda, um programa e uma comunidade de "impactores" que compartilham o propósito comum de maximizar o impacto para si mesmos, para a sociedade e para o meio ambiente .

Cada capítulo está conectado ao site complementar, que inclui mais informações e perguntas frequentes.

Escrito em uma abordagem de pensamento linear, "~~NÃO~~ ESTÁ TUDO BEM" cobre uma visão geral dos aspectos cruciais da vida, fornecendo uma base versátil para maximizar seu impacto em qualquer situação.

O site complementar oferece uma experiência de aprendizado interativo, complementando o formato estático do livro, conectando cada capítulo a recursos adicionais na plataforma IMPACTAGON, como material detalhado, perguntas frequentes e conteúdo compartilhado pela comunidade.

Essa abordagem de informações sob demanda cria uma experiência mais envolvente e personalizada, combinando o pensamento linear e vertical para tornar a experiência de aprendizado dinâmica e interativa.

Desenhado para um leque diversificado de leitores de vários horizontes, culturas, mentalidades, interesses e objetivos, o livro pretende criar uma ponte entre diferentes perspetivas, usando o "impacto" como linguagem comum e, em última instância, fomentar uma comunidade de "impactadores".

Recomendamos a leitura do livro desde o início para desenvolver uma base sólida. No entanto, se você se sentir familiarizado com determinados tópicos, sinta-se à vontade para pular para qualquer seção ou capítulo de seu interesse, pois há um ponto de mudança de vida para você em algum lugar do livro, se não em sua totalidade.

Obrigado por escolher este livro entre os milhões de outros disponíveis, esperamos que você aproveite sua jornada e esperamos recebê-lo a bordo de nossa crescente comunidade de impactadores em impactagon.com.

INTRODUÇÃO

Este livro de autoajuda é o seu passaporte para ingressar em uma comunidade internacional de "impactores", para melhorar seu processo de tomada de decisão e agir para maximizar o impacto para você, para a sociedade e para o meio ambiente.

A chave para mudar o mundo começa com a mudança de si mesmo, disse certa vez o poeta Rumi:

"Ontem eu era inteligente queria mudar o mundo, hoje sou sábio por isso estou mudando a mim mesmo".

- O propósito da mudança é impactar você, a sociedade e o meio ambiente

- Para causar impacto, você precisa agir com o corpo ou com as ferramentas

- Agir requer tomar decisões

- As decisões são elaboradas com base nas informações coletadas pelos 5 sentidos e na forma como são processadas e influenciadas pelo corpo, mente, coração e alma.

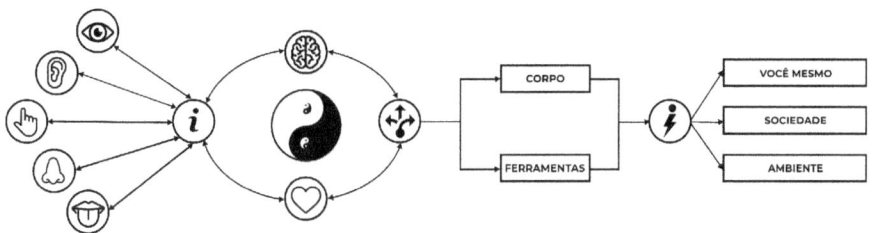

Para otimizar esse processo, criamos o IMPACTAGON, uma plataforma de autoajuda centrada na comunidade que o guiará na adoção de uma poderosa metodologia baseada em impacto conectada a experiências da vida real.

Mas com grandes poderes vêm grandes responsabilidades, portanto, antes de usar o IMPACTAGON, primeiro você precisa se familiarizar com o templo do impacto...

O TEMPLO DO IMPACTO
(Assista o vídeo em impactagon.com)

O Templo do Impacto consiste em 8 partes, representando a jornada que vai do Capítulo 1 **"Não está tudo bem"** até o Capítulo 8 onde **"Está tudo bem"**.

Subir os degraus de corpo, mente, coração e alma o levará a **Empoderar sua identidade** (Capítulo 2), a partir daí você fortalecerá a base de sua identidade com **Os 4 Pilares** (Capítulo 3) e aprenderá como **Viver seu propósito** (Capítulo 3).

Sua **Paixão** (Capítulo 5), a ponte entre identidade e propósito, serve como porta para o sucesso, destrancada pela chave do **Experiência** (Capítulo 6), levando ao **Sucesso** (Capítulo 7), a escada para o impacto.

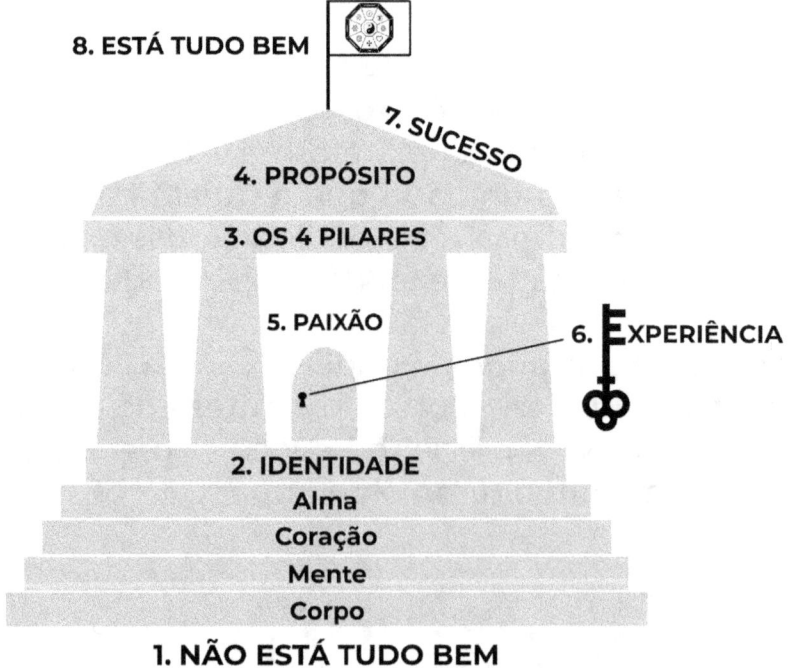

1. Não está tudo bem

Comece sua abordagem da vida sendo realista, pragmático e honesto consigo mesmo; Identifique seus problemas, entenda sua origem, destino e expresse gratidão. Todo problema na vida acontece por um motivo e é uma oportunidade de se conhecer melhor, fortalecendo sua identidade.

2. Empodera sua identidade

Sua identidade é como sua impressão digital, é algo que ninguém mais tem para que você possa deixar uma marca que ninguém mais pode. Fortaleça sua identidade compreendendo a conexão e a arquitetura entre seu corpo, mente, coração e alma e descubra a 5ª entidade de sua identidade.

3. Os 4 pilares

Reforce a base de sua identidade com os 4 pilares que o ajudarão a alinhar seus pensamentos, emoções e comportamento com os valores de nossa comunidade.

Pilar 1: O nível de sua consciência
Pilar 2: A pureza da sua intenção
Pilar 3: A qualidade do seu caráter
Pilar 4: O foco da sua vontade

4. Viva seu propósito

Viva o seu propósito em vez de procurá-lo. Ao maximizar o impacto para si mesmo, para a sociedade e para o meio ambiente, você consegue alcançar seu objetivo pessoal em um contexto coletivo enquanto cria um impacto exponencial junto com a comunidade.

5. Paixão, a porta para o sucesso

Tudo o que está entre sua identidade e propósito torna-se sua paixão; equilibra com experiência e é medido com sucesso.

6. Experiência, a chave do sucesso

Use sua experiência como um processo de cozimento combinando suas habilidades como ingredientes; seus recursos como suas ferramentas de cozinha; o seu valor como prato e a comunicação como serviço.

7. Sucesso, a escada para o impacto

O sucesso é um equilíbrio entre o seu sucesso interno, externo e eterno. Depois de definir seu sucesso, aprenda como projetá-lo e desenvolvê-lo para maximizar e perpetuar seu impacto.

8. Está tudo bem

Quando chegar a este capítulo, você terá feito a transição de "Não está tudo bem" para "Está tudo bem". Continue experimentando a melhor versão de si mesmo usando o IMPACTAGON.

PARTE 1

CAPÍTULO 1

NÃO ESTÁ TUDO BEM

Acreditar que "está tudo bem" quando "não está tudo bem" pode ser enganoso. Isso não quer dizer que você não deva pensar de forma positiva, mas sim começar seu raciocínio sendo realista, pragmático e honesto consigo mesmo, para não acabar varrendo seus problemas para debaixo do tapete.

Para iniciar este primeiro capítulo, vamos nos aprofundar nos seguintes tópicos, cada um abordando um aspecto vital para lidar com os problemas da vida:

1.1   A NATUREZA DOS PROBLEMAS

1.2   A LIGAÇÃO ENTRE PROBLEMAS E DESTINO

1.3   EXPRESSANDO GRATIDÃO DURANTE AS DIFICULDADES

1.1 A NATUREZA DOS PROBLEMAS

Todo problema na vida acontece por um motivo e é uma oportunidade para você se conhecer melhor e entender se está buscando entre os galhos o que só aparece nas raízes.

Um problema é a consequência de uma ação que pode afetá-lo fisicamente, mentalmente ou emocionalmente. Ocorre sob a forma de uma dor física, um pensamento perturbador ou uma emoção negativa e geralmente está ligada à Saúde, Relacionamentos ou Finanças. Os problemas são naturais ou auto-criados.

Um problema natural é um problema que surge de um evento inesperado em que você tem controle limitado ou nenhum controle sobre a situação.

Um problema criado por você mesmo é um problema que se origina em sua própria imaginação e no curso de ações que você toma voluntariamente, o que você sabe que levará a uma experiência desagradável.
Ao descartar os problemas criados por você mesmo de seu repertório de preocupações, você sentirá que um peso saiu de seus ombros, o que o ajudará a concentrar sua energia na solução dos problemas naturais.

Depois de identificar seus problemas, certifique-se de categorizá-los, dividi-los em partes menores (usando as subcategorias de sua escolha) e entender se existem interdependências entre eles*.

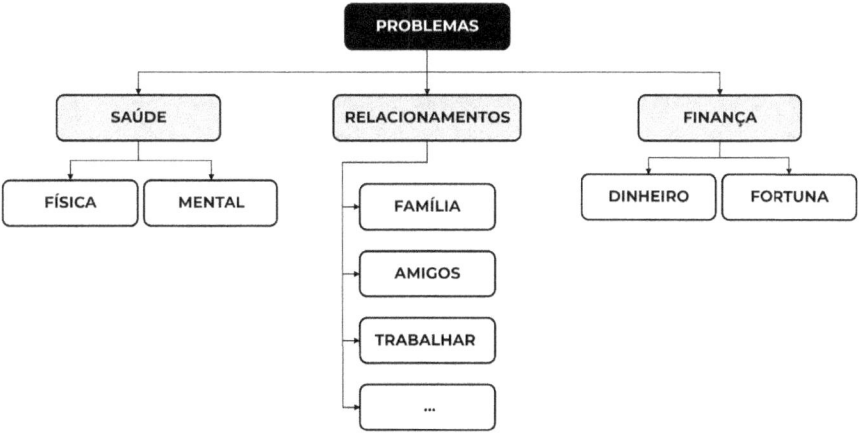

Este é apenas um exemplo, sinta-se à vontade para adicionar/remover/modificar a lista de categorias e subcategorias usando suas próprias preferências.

1.2 A LIGAÇÃO ENTRE PROBLEMAS E DESTINO

Depois de manifestar um senso de consciência e filtrar seus problemas, selecionando os problemas naturais, chega a hora de incluir a dimensão do destino em seu raciocínio consciente.

Consciência, Fé e Resiliência são 3 dons importantes atribuídos à humanidade, enquanto as adversidades da vida são os eventos que contribuem para o crescimento desses dons.

Os indivíduos mais bem-sucedidos e influentes ao longo da história são os que passaram pelas mais severas dificuldades.

Embora possa ser difícil entender por que certos eventos acontecem, o que importa é fortalecer sua crença de que esses eventos estão acontecendo por uma razão e estão predestinados a ajudá-lo a se tornar mais forte e resiliente.

" sem lama, sem lótus" - Thich Nhat Hanh

Imagine o destino como uma encruzilhada com vários caminhos, onde cada caminho da encruzilhada é predefinido, mas seu livre-arbítrio permite que você escolha qual caminho deseja seguir, sabendo que o que é para ser será e o que não é para ser não vai acontecer não importa o quanto você tente, porque um caminho melhor espera por você.

1.3 EXPRESSANDO GRATIDÃO DURANTE AS DIFICULDADES

Depois de identificar seus problemas, sua origem e integrar o conceito de destino em seu raciocínio, você estará pronto para abraçar seus problemas e expressar gratidão.

Mas antes de agradecer, sejamos realistas, quando você sente que não está tudo bem, quando você sente que seu mundo está desabando, quando você está sofrendo uma dor física que te impede de dormir, uma doença sem remédio, a perda de um ente querido, um rompimento de relacionamento, dificuldades financeiras... Durante esses momentos de dificuldade, onde você pode encontrar motivação e paciência para se posicionar em estado de gratidão?

A resposta é lembrar-se de contar todas as suas bênçãos e cultivar o hábito de expressar gratidão por tudo que você teve, tem e por todos os problemas que não experimentou.

Crie um banco de gratidão listando todas as suas bênçãos passadas e presentes, bem como aquelas que você espera experimentar na vida, coloque-as em uma jarra, revisite-as e enriqueça-as diariamente, assim como regar uma planta.

Se isso não for suficiente, inspire-se em indivíduos que conseguiram pensar positivamente e expressar gratidão em cenários semelhantes ou piores.

Saber que você não está sozinho neste processo cria um sentimento de auto-empatia, otimismo e esperança que promove sua atitude positiva. Se outra pessoa fez isso, você pode modelá-lo.

Lembre-se de que é preciso o mesmo esforço para reclamar do que para expressar gratidão, mas a diferença é que negatividade atrai negatividade, enquanto gratidão e oportunidade andam de mãos dadas.

EXERCÍCIO 1
Árvore de problemas e frutos de gratidão

Neste primeiro exercício, imagine seus problemas sob a forma de uma árvore e aplique os seguintes passos:

1. Desenhe uma árvore com seu tronco, galhos e raízes. Rotule o tronco como "Problemas", os galhos como "Tipos de Problemas" (Saúde, Relacionamentos, Finanças, Outros...) e as raízes como suas "Fontes" (Autofabricadas ou Naturais).

2. Atribua cores diferentes aos ramos e raízes. Isso cria uma representação visualmente atraente e facilita a diferenciação entre os tipos e fontes de problemas.

3. Crie sub-ramificações para seus sub-problemas dentro de cada categoria de ramificação.

4. Reflita sobre as interdependências entre problemas e subproblemas e procure as conexões entre seus ramos e raízes.

5. Para cada problema em sua árvore, pense em algo pelo qual você poderia ser grato e acrescente-o como uma fruta na árvore.

Este exercício incentivará a reflexão sobre a consciência do problema, sua natureza e raízes, ao mesmo tempo em que promove a gratidão.

CAPÍTULO 2

EMPODERA SUA IDENTIDADE

No capítulo 1, você identificou a origem dos seus problemas, incorporou o conceito de destino e se posicionou em estado de gratidão, como uma oportunidade de se conhecer melhor.

No capítulo 2, você vai aprofundar seu autoconhecimento, embarcando em uma jornada introspectiva em direção à sua identidade.

"Sua identidade é como sua impressão digital, é algo que ninguém mais tem, para que você possa deixar uma marca que ninguém mais pode."

Para maximizar o impacto de sua marca, você deve fortalecer sua identidade, sabendo que sua identidade é o resultado da conexão e arquitetura entre seu corpo, mente, coração e alma.

2.1 CORPO
2.2 MENTE & CORAÇÃO
2.3 ALMA
2.4 IDENTIDADE

2.1 O CORPO

O corpo é um receptáculo que o acompanha durante a sua vida e está condicionado pelo tempo e pela saúde. Sua saúde mental depende de sua saúde física:

"Mente sã em corpo são."

A saúde do seu corpo pode ser influenciada de diferentes maneiras, incluindo:

- Higiene
- Descanso
- Água e Líquidos
- Comida
- Energia & Sol
- técnicas de respiração
- Movimento e Postura
- Conforto
- Aparência
- Medicina natural

Devido à grande quantidade de informações sobre o corpo, recomendamos que você explore a seção de corpo em impactagon.com.

Lembre-se de que, com o tempo, hábitos saudáveis se tornam padrões saudáveis, padrões saudáveis se tornam uma segunda natureza e essa segunda natureza se torna parte de sua identidade. Portanto, adotar um estilo de vida saudável o deixará um passo mais perto de experimentar uma mente saudável.

2.2 MENTE & CORAÇÃO

Depois de adotar um estilo de vida saudável para condicionar seu corpo a experimentar uma mente saudável, você estará pronto para explorar o poder de sua mente para viver uma vida saudável, porque a qualidade de sua vida depende da qualidade de sua mente.

"O jeito que você pensa é o jeito que você sente e o jeito que você sente é o jeito que você pensa."

Anteriormente definimos o destino como uma encruzilhada de caminhos pré-definidos, onde você usa seu livre-arbítrio para escolher qual caminho deseja seguir. O mesmo se aplica à mente, que é uma encruzilhada de pensamentos predefinidos que lhe dão o livre-arbítrio para decidir quais pensamentos você deseja escolher, sabendo que, para um pensamento voluntário, o esforço para pensar positivamente é o mesmo quanto para pensar negativamente, é tudo uma questão de escolha e hábito...

Pensamento positivo...

... VS pensamento negativo

Com milhares de pensamentos que passam pela cabeça diariamente, alguns estudos mostram que 80% dos pensamentos são negativos e 95% dos pensamentos são repetitivos.

Mudar de um pensamento negativo para um pensamento positivo pode ajudar, mas às vezes esse método tem efeito apenas temporário, é como tomar um analgésico quando você está com dor de cabeça, inibe a dor, mas não a cura. O pensamento negativo vai embora, mas mais cedo ou mais tarde reaparece.

Quanto mais você tenta evitá-lo ou afastá-lo, mais você pensa sobre isso. É como um efeito de bola de neve que leva a uma conversa interna sem fim ou a uma espiral de pensamentos que duram para sempre.

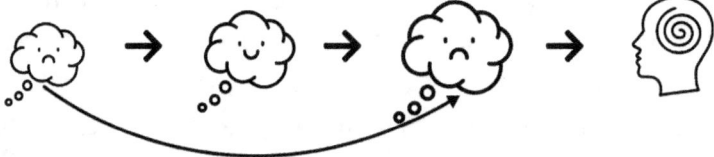

As emoções negativas e o stress crónico podem ter consequências graves na sua saúde e no sistema do seu corpo, incluindo danos no seu sistema imunitário, aumento da pressão arterial, distúrbios digestivos, ganho de peso, falta de sono... Portanto, para proteger sua saúde física e mental, é crucial aprender a lidar com pensamentos e emoções negativas, sabendo que é melhor prevenir do que remediar. Em outras palavras, antecipar e tomar as medidas necessárias para evitar que você se encontre em um estado mental negativo em primeiro lugar.

O primeiro passo é certificar-se de que você está aplicando a noção de destino, gratidão e pensamento positivo, adotando hábitos saudáveis do corpo. Em seguida, certifique-se de detectar padrões negativos em um estágio inicial, quebrando o ciclo repetitivo que leva às emoções negativas e convergindo-o para a positividade.

Se você ainda está experimentando a emoção negativa, pergunte-se se a solução é psicológica ou se requer ação e pode ser resolvida por conta própria ou requer intervenção externa.

(Continuaremos nossa explicação no caso de aplicar uma abordagem psicológica de autoajuda).

Nem todos os pensamentos e emoções negativas são ruins, alguns deles têm a mesma função de quando você sente dor de estômago, age como um sinal para informar que algo está errado e precisa de sua atenção.

Portanto, sua tarefa não é eliminar todos os pensamentos e emoções negativas, mas sim remover as barreiras dentro de si mesmo que você construiu contra entendê-los.
Um pensamento não é positivo nem negativo, é a maneira como você interpreta um pensamento e suas consequências em seu estado emocional e comportamento que caracteriza o pensamento como tendo uma influência positiva ou negativa.

A maneira como você interpreta e sente um pensamento depende de vários fatores, incluindo seu humor, percepção consciente, condição fisiológica, inteligência intelectual e emocional, moral, valores, ética, personalidade, experiências, crenças... O tempo, lugar, situação e contexto também desempenhar um papel vital no condicionamento de sua mente.

Portanto, é sua responsabilidade cultivar constantemente um ambiente saudável que alimente seus 5 sentidos e o ajude a processar seus pensamentos com clareza. Este ambiente inclui tudo o que seu corpo ingere, seus hábitos, experiências, as atividades que você realiza, bem como todos e tudo o que você cerca e interage, incluindo objetos, lugares, animais...

A fonte de um pensamento se origina dentro de sua imaginação ou memória, que é o resultado da informação que seus 5 sentidos coletam consciente, subconsciente e inconscientemente ao longo de sua vida.

Portanto, nem sempre você escolhe deliberadamente seus pensamentos ou emoções; às vezes, pode experimentar um pensamento ou emoção desagradável que passa espontaneamente por sua mente ou coração.
Em alguns casos, certos pensamentos e emoções que parecem estar dentro do seu locus de controle interno pertencem ao seu locus de controle externo (e vice-versa), mas o que importa é não deixar que algo que não está sob seu controle tenha controle sobre você.
Lembre-se, você não é seus pensamentos e você não é suas emoções. Seus pensamentos e

emoções estão aqui para ajudá-lo a navegar por sua jornada introspectiva, outrospectiva e extrospectiva, para que você possa se conhecer melhor e reforçar seu sistema de crenças e resiliência entre seu ambiente interno e externo.

Reconheça seus pensamentos e emoções negativas, entenda-os e abrace-os por serem um chamado ao conhecimento para aprender algo novo sobre você e o mundo. Pense em todas as vezes que você curou simplesmente pensando, lendo ou ouvindo alguém ou algo que mudou sua vida.

"Essas dores que você sente são mensageiras. Escute-os." – Rumi

A qualidade de sua mente é determinada por sua capacidade de entender e encontrar um equilíbrio entre sua inteligência intelectual e sua inteligência emocional.

A comunicação de pensamentos e emoções entre a mente e o coração faz parte do processo de alinhamento que aumenta o nível de sua percepção consciente e melhora a coerência do seu processo de pensamento e da inteligência do seu coração.

Imagine seu coração como uma bússola que indica a direção certa a seguir assim que sua mente gerar o pensamento que esteja em harmonia com a emoção certa ou se você possuir a capacidade de silenciar sua mente e ouvir seu coração.

Todos os dias, milhares de pensamentos passam pela sua cabeça, sabendo que o cérebro só pode se concentrar em uma coisa de cada vez. Portanto, ter afinidade para selecionar o pensamento certo é uma responsabilidade assídua que acompanha o crescimento pessoal e espiritual.

Até agora, comparamos o pensamento positivo ao pensamento negativo, mas e quanto ao pensamento eficiente? O pensamento positivo é apenas um meio para um fim, o fim é ter um processo de pensamento equilibrado e saudável que requer abordar o pensamento certo, no momento certo e da maneira certa.

Ao invés de caracterizar um pensamento de forma binária (positiva/negativa), seria mais eficiente associar um pensamento ao seu nível de relevância com base em seu contexto, utilizando os critérios de sua escolha, por exemplo:

Propósito
O pensamento é proposital?
Locus de controle interno x externo
Que margem de manobra você tem?
Tempo
O momento é adequado?
Intensidade emocional
Sensação positiva ou negativa/nível de intensidade
Frequência
Com que frequência esse pensamento ocorre?

13 DICAS PARA UMA MENTE E UM CORAÇÃO SAUDÁVEIS

1. Lembre-se do destino e manifeste gratidão

2. Siga os hábitos saudáveis do corpo

3. Coloque-se em um ambiente saudável

4. Mude do pensamento negativo para o positivo

5. Se você tiver pensamentos em loop...

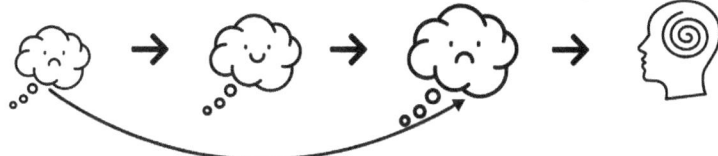

Avalie se o problema pode ser resolvido psicologicamente ou se é necessária uma ação e entenda se você pode resolvê-lo sozinho ou se precisa de apoio externo.

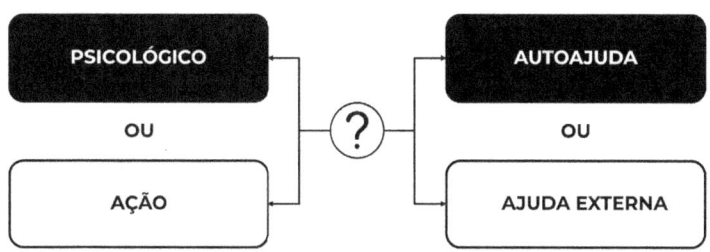

Se você acha que pode aplicar uma abordagem psicológica de autoajuda para lidar com seus pensamentos/emoções negativos, aprenda a enfrentá-los.

6. Enfrentar seus pensamentos/emoções negativas

Para enfrentar um pensamento/emoção negativo, primeiro você precisa reconhecer sua presença, analisá-lo e entender sua origem. Depois de fazer isso, abrace-o como uma oportunidade para você crescer pessoal e espiritualmente, pensando profundamente, por meio do conhecimento ou de pessoas que o inspirarão a estimular a comunicação entre mente e coração até que sua mente gere o pensamento que está alinhado com seu coração. que provocará uma sensação de alívio e paz interior.

A duração desse processo é relativa a cada pessoa e situação, pode ser instantânea, pois pode levar anos, portanto, durante esse processo, você deve dominar a virtude da paciência.

7. Pratique o pensamento eficiente

Aborde o pensamento certo na hora certa da maneira certa medindo o nível de relevância de um pensamento começando pelo seu alinhamento com o seu propósito, a margem de manobra que você tem em termos de controle, timing, frequência e intensidade.

   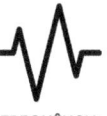 

PROPÓSITO   CONTROLE   CONTROLE   FREQUÊNCIA   INTENSIDADE

O PENSAMENTO TEM PROPÓSITO?
- **NÃO:** desligue
- **SIM:** prossiga para o controle →

VOCÊ TEM CONTROLE SOBRE A SITUAÇÃO?
-**NÃO:** reconhecer sua presença e ignorá-la
-**SIM:** determine sua margem de manobra →

VOCÊ PODE FAZER ALGO SOBRE ISSO AGORA?
- **NÃO:** então adie até a hora certa.
- **SIM:** mude para intensidade e frequência →

A MATRIZ DE INTENSIDADE VS FREQUÊNCIA

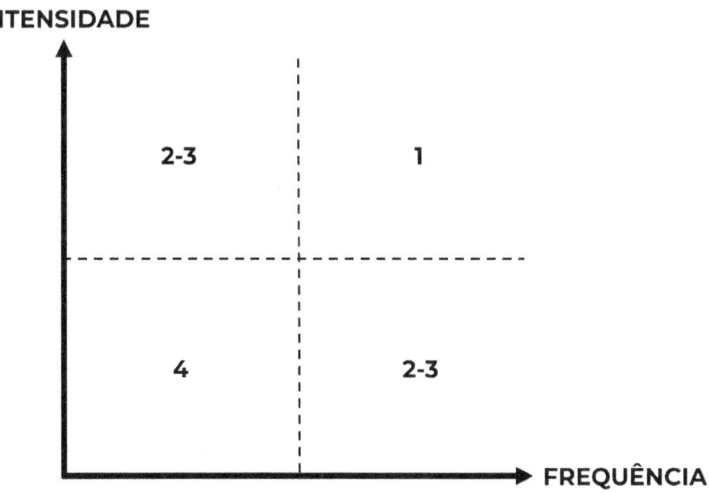

Ordem de prioridade:
1° : muito intensivo e muito frequente
2ª ᴼᵁ 3ª : muito intensa e menos frequente
2ª ᴼᵁ 3ª : menos intensiva e muito frequente
4° : menos intensivo e menos frequente

8. Pense fora da caixa

Se você continuar pensando nas mesmas coisas da mesma maneira, continuará experimentando os mesmos sentimentos. Portanto, é sua responsabilidade pensar fora da caixa e trazer inovação para sua forma de pensar e lidar com as emoções.

Saia da sua zona de conforto, não fique preso ao passado, planeje o seu futuro mas viva o seu presente.

"O passado é história, o futuro é um mistério, o presente é uma dádiva, por isso se chama presente."

9. Assuma a responsabilidade

Sempre que você apontar o dedo para alguém, lembre-se que existem 3 dedos apontando para você. Portanto, sempre assuma a responsabilidade por suas ações antes de culpar os outros.

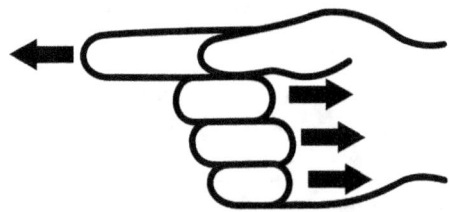

10. Fique longe de intoxicantes e pessoas tóxicas

Intoxicantes podem ser tudo e qualquer coisa que seu corpo ou mente ingerem que possam prejudicar sua saúde ou criar uma dependência /

vício. Isso inclui comida lixo, açúcar, álcool, fumo, jogos de azar, drogas, pornografia, vício em telas... Ficar longe de intoxicantes leva a uma melhor qualidade de vida e a uma relação mente-coração mais saudável.

Entre os vários intoxicantes estão as pessoas tóxicas, que tendem a ser indivíduos que causam um impacto negativo em sua saúde. Pessoas tóxicas podem ter uma influência direta/indireta sobre você e podem ser negativas, ignorantes, imaturas, psicologicamente instáveis ou simplesmente ter maus hábitos. É importante remover ou minimizar a presença de pessoas tóxicas ao seu redor, a menos que você tenha que interagir com elas devido à proximidade ou profissão. Neste caso, limite o máximo possível sua interação e certifique-se de manter distância e não se envolver emocionalmente. Portanto, trabalhe para se posicionar em um ambiente saudável enquanto se cerca de pessoas de bom coração e positivas que o incentivam a crescer.

11. Conheça seu inimigo

Seu inimigo é tudo e todos que têm a influência de afetar seu equilíbrio e crescimento contra pensamentos, sentimentos e comportamentos positivos . Seu maior inimigo está dentro de você, que é seu inimigo interior. Quanto mais você conhecer a si mesmo e a maneira como seu corpo, mente e coração reagem ao seu ambiente interno e externo, melhor controle você terá sobre seu inimigo interno. Isso inclui ego, inveja, ciúme, arrogância, preguiça, raiva, violência verbal/física, egoísmo, ganância, injustiça, maldade, ignorância, falta de confiança, falta de crença... Dominar o controle sobre seu inimigo interior o ajudará a reagir com mais eficiência aos seus inimigos externos e limitar a influência deles sobre você. O diabo está nos detalhes, portanto é sua responsabilidade identificar continuamente quem, o quê, quando, por que, onde e como você pode perder o equilíbrio ou impedir-se de crescer. A partir daí, evite, bloqueie ou reaja no estágio inicial antes que o efeito bola de neve ganhe mais influência. Seu inimigo pode surpreendê-lo a qualquer momento, então esteja ciente de seu inimigo em momentos de fraqueza e em seus momentos mais altos, é quando você está mais vulnerável.

12. Limpe sua mente

Para limpar sua mente, é importante cultivar um processo de pensamento seletivo. Isso envolve inspirar-se em boas lembranças, aprender com os erros do passado e planejar o futuro, mantendo-se atento ao presente. Pense em limpar sua mente como arrumar um quarto bagunçado, um passo de cada vez. Remova o material que não lhe serve mais e substitua-o por novos pensamentos e perspectivas, permitindo-se aprender, desaprender e reaprender ao longo do caminho.

13. Purifique seu coração

As palavras que saem da sua boca refletem a pureza do seu coração. Depois de abraçar o processo de limpeza da mente, você se tornará mais receptivo a expressar positividade. Isso inclui usar palavras de gratidão, oferecer elogios, perdoar os outros, desejar positividade para você e para os outros, enquanto cultiva o hábito de ler e escrever palavras bonitas. Através da purificação do seu coração, tanto em pensamento, fala e sorriso, você pode criar um impacto profundo e positivo em si mesmo e no mundo ao seu redor.

2.3 ALMA

Embora ainda não saibamos muito sobre a alma, nosso conhecimento atual é baseado em uma combinação de fontes espirituais e experiências práticas que a ligam ao corpo, mente e coração.

Até agora, representamos o corpo como um recipiente, a mente como o centro do pensamento e o coração como o centro do sentimento .

A saúde do seu corpo, combinada com a fusão entre a inteligência racional da sua mente e a inteligência emocional do seu coração, formam uma força que pode impactar positiva ou negativamente a sua alma, influenciando, por fim, o seu processo de tomada de decisão.

Considere sua alma como uma criatura que reside dentro de você e faz parte de você, incorporando as qualidades de um anjo e de um animal.

O lado espiritual da sua alma representa os aspectos angélicos, enquanto o lado do ego representa os atributos animalescos.

O que distingue os humanos dos anjos são os desejos, enquanto o que diferencia os humanos dos animais é o raciocínio.

Uma forma de simplificar a representação da alma é através de um Yin-Yang bidimensional.

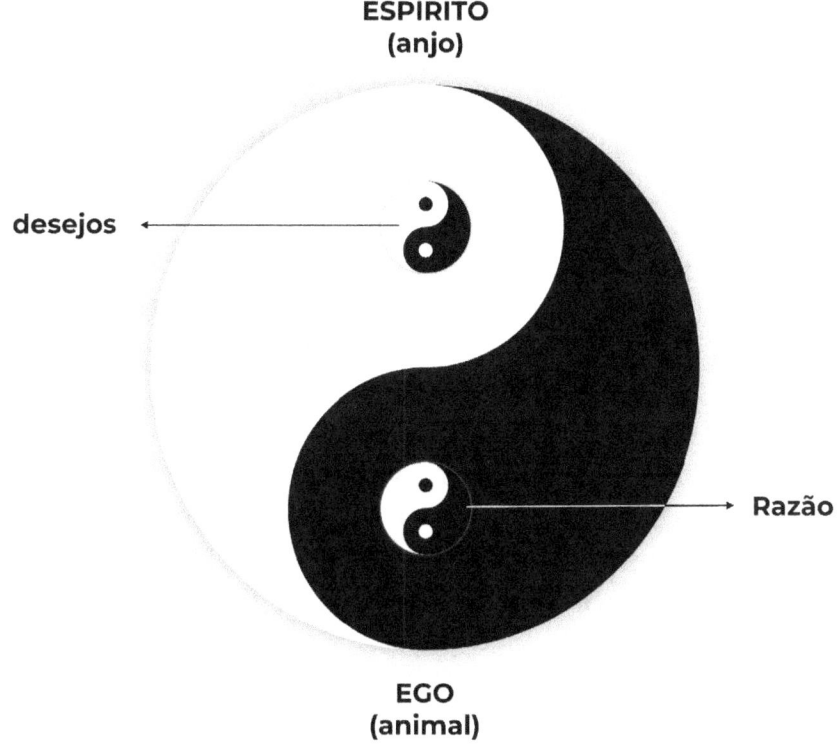

Imagine a alma como um medidor de luz, onde cada ação positiva que você executa ilumina sua alma, enquanto cada ação negativa que você executa escurece a alma, sabendo que cada ação depende da pureza de sua intenção.

A quantidade de luz em sua alma reflete a qualidade de seu caráter, que pode ser definida como a beleza de sua alma.

O que diferencia a beleza da alma de qualquer outra beleza, é a sua dimensão de eternidade porque a mente pode esquecer, o coração pode parar e o corpo pode desaparecer mas a alma nunca esquece, pára ou desaparece, ela é eterna.

A natureza da humanidade é baseada de uma forma que é atraída pelas necessidades eternas. Todo mundo quer amor eterno, riqueza eterna, felicidade eterna, paz eterna, ninguém quer uma versão temporária disso.

Isso nos leva a uma conexão incondicional entre nossa alma e o Divino, pois o que une essa conexão é a eternidade.

Considerando o Divino como a fonte e o nível máximo de luz, precisamos de uma vida inteira de ações positivas na Terra para podermos iluminar nossas almas para sermos capazes de entender apenas uma porção mínima da infinita beleza do Divino.

Portanto, a espiritualidade é o caminho eterno da beleza que liga nossa alma à Divindade.

É assim que percebemos o propósito da vida:

Nosso corpo é um receptáculo que requer de nossa responsabilidade alimentá-lo com bons hábitos para que ele abranja uma mente sã que facilite a interação entre mente e coração para atingir o nível de consciência que nos ajudará a aprender a nos conhecer e fazer as decisões certas para iluminar nossa alma através da paz interior, ato altruísta e impacto sustentável.

2.4 SUA IDENTIDADE

**"Sua identidade é como sua impressão digital,
é algo que ninguém mais tem,
para que você possa deixar uma marca que
ninguém mais pode."**

A singularidade de sua impressão digital se origina da combinação de seu ADN. Enquanto seu ADN compõe metade de sua personalidade, a outra metade é moldada pela maneira como você reage ao ambiente, suas experiências e educação. Essa interação entre natureza e criação influencia sua individualidade e o torna único.

A natureza desempenha um papel significativo na formação de sua personalidade, pois abrange sua composição genética e fatores hereditários que influenciam seu desenvolvimento desde a infância até a idade adulta.

A criação, por outro lado, refere-se à influência do seu ambiente no desenvolvimento da sua personalidade e comportamento. Inclui vários fatores externos, como educação, socialização, cultura, educação e experiências de vida.

Veja o exemplo dos gêmeos idênticos; embora ambos compartilhem o mesmo genoma, suas identidades começam a divergir com o tempo devido às suas diferentes formas de reagir ao seu respectivo ambiente.

Por outro lado, se você tomar o exemplo de líderes espirituais e profetas ao longo da história, como Siddhartha Gautama, Profeta Moises, Profeta Muhammad ﷺ , que a paz esteja com eles, mesmo que tenham nascido em um ambiente que os manteve afastados da verdade, havia algo profundo dentro deles que os fazia transcender a natureza e a criação, para buscar a verdade. Essa curiosidade de buscar a verdade é o que definimos como o ADN espiritual.

Embora o ADN espiritual não seja um termo científico, ele pode ser entendido como uma essência inerente e intangível que guia a jornada espiritual de uma pessoa e a busca pela verdade, transcendendo as influências da natureza e da criação. Esse ADN espiritual pode ser pensado como um potencial ou predisposição espiritual inata que leva os indivíduos a buscar a verdade por meio de um propósito mais elevado ou de uma conexão mais profunda.

Se você estudar e analisar o código do seu ADN, existem mais de 3 bilhões de pares de bases ou conjuntos de "letras" genéticas que compõem o genoma humano. Para listar todas essas letras, uma pessoa teria que digitar 60 palavras por minuto, 8 horas por dia, por cerca de 50 anos!

A complexidade e sofisticação desse código genético vão além da simples coincidência, sugerindo a presença de um Criador que o projetou .

Isso, juntamente com outras evidências, fortalece nossa crença na existência do Divino e sua assinatura no tecido de nosso ADN.

As crenças podem ter um impacto profundo no mundo, levando à paz ou guerra, progresso ou regressão, crescimento pessoal ou estagnação. A crença é o que permite que você tenha fé em coisas que podem não ser visíveis a olho nu, abrindo a porta para descobrir e experimentar o que antes era considerado impossível. Seu sistema de crenças desempenha um papel crítico em separar uma crença limitante de uma crença fortalecedora.

Aquilo em que você acredita se torna parte integrante de sua identidade. Compreender a estrutura e o processo de seu sistema de crenças pode ajudá-lo a entender melhor a si mesmo e aumentar seu potencial para compreender e influenciar os outros.

Seu sistema de crenças é moldado por uma combinação de fatores de natureza e criação, incluindo seu ADN, educação, ADN espiritual, ambiente, hábitos e experiências. Confiança, lógica, evidências, fatos, emoções, intuição... são alguns dos fatores que podem influenciar suas crenças.

A partir de experiências pessoais e influências externas, incluindo fatores sociais, culturais e cognitivos, os indivíduos formam opiniões que contribuem para o desenvolvimento de atitudes e valores. Com o tempo, essas atitudes e valores podem moldar as crenças centrais, que formam o núcleo do sistema de crenças de um indivíduo.

Embora não haja uma maneira universal de modelar um sistema de crenças, o modelo apresentado a seguir é projetado para fornecer uma compreensão geral dos fatores e processos que contribuem para a formação, manutenção e modificação do sistema de crenças de um indivíduo. Este modelo é composto por 3 componentes principais:

1. DE BAIXO PARA CIMA
Influências fundamentais nas crenças.

2. CIMA PARA BAIXO
Processos dinâmicos que impactam as crenças ao longo do tempo.

3. CÍRCULOS ANINHADOS
As diferentes camadas de um sistema de crenças.

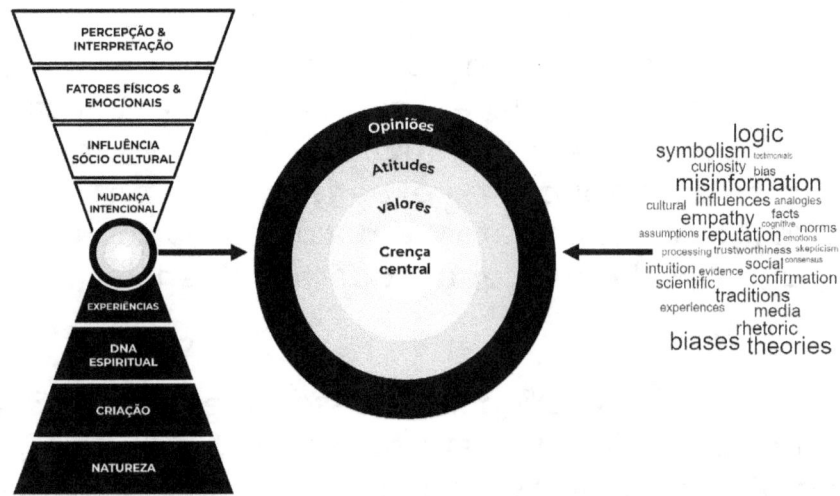

1. PIRÂMIDE DE BAIXO PARA CIMA

Esta pirâmide concentra-se nos elementos fundamentais que contribuem para a formação de crenças. Inclui:

a. Natureza

Os fatores biológicos, como predisposições genéticas e temperamento, que contribuem para os traços e características inerentes aos indivíduos, moldando suas crenças desde o início de suas vidas.

b. Criação

As influências ambientais, incluindo educação, estilos parentais, educação e interações sociais, desempenham um papel crucial na formação do sistema de crenças de um indivíduo.

c. ADN Espiritual

As conexões e crenças espirituais profundamente enraizadas que um indivíduo possui, influenciadas por suas curiosidades religiosas, espirituais ou filosóficas. Refere-se a um potencial ou predisposição espiritual inata que leva os indivíduos a buscar a verdade.

d. Experiências

Os eventos e encontros pessoais pelos quais os indivíduos passam, que ajudam a moldar e modificar suas crenças ao longo do tempo, fornecendo novas perspectivas e percepções.

2. ABORDAGEM DE CIMA PARA BAIXO

Essa abordagem enfatiza os aspectos cognitivos, físicos, emocionais e socioculturais que impactam as crenças de um indivíduo. Inclui:

a. Interpretações e Percepções
Os processos cognitivos nos quais os indivíduos se envolvem ao interpretar suas experiências, influenciados por vieses pessoais, esquemas cognitivos e conhecimento prévio. Essas interpretações subsequentemente afetam as crenças que eles têm sobre si mesmos, sobre os outros e sobre o mundo.

b. Fatores físicos e emocionais
A interconexão dos estados físicos e emocionais com o sistema de crenças de um indivíduo, destacando como fatores como saúde física, níveis de energia, humor e bem-estar emocional podem impactar significativamente seus padrões de pensamento, crenças e processos de tomada de decisão.

c. Influências Socioculturais
O contexto social e cultural que molda as crenças, valores e normas de um indivíduo, que destaca a importância da socialização, tradições culturais e normas compartilhadas dentro de uma comunidade. Os fatores socioculturais podem ser tanto explícitos, como educação e exposição à mídia, quanto implícitos, por meio da transmissão de valores e expectativas dentro de grupos sociais.

d. Mudança intencional
Os esforços conscientes e deliberados feitos por indivíduos para modificar ou transformar suas crenças, alcançados por meio de autorreflexão,

introspecção, terapia ou experiências de crescimento pessoal. A mudança intencional reconhece a agência e a capacidade do indivíduo de identificar e desafiar suas crenças existentes, bem como de abraçar novas perspectivas e ideias para o crescimento pessoal.

3. CÍRCULOS ANINHADOS

Esses círculos de ninhos representam os diferentes níveis de crenças. Inclui:

a. Opiniões

A 1ª camada, composta pelos pontos de vista de um indivíduo sobre vários tópicos e questões. As opiniões são influenciadas e alteradas por novas informações, experiências ou argumentos persuasivos.

b. Atitudes

A 2ª camada representa os sentimentos e disposições gerais de um indivíduo em relação a certos assuntos, grupos ou ideias. As atitudes são mais estáveis do que as opiniões, mas ainda podem ser modificadas ao longo do tempo por meio da exposição a novas perspectivas.

c. valores

A 3ª camada é uma camada fundamental que engloba os princípios orientadores e ideais que um indivíduo preza, que moldam suas decisões e ações. Os valores são mais resistentes à mudança e normalmente estão enraizados em contextos culturais, familiares ou espirituais.

d. Crença central

A camada mais profunda representa as convicções centrais que formam a base da identidade e visão de mundo de um indivíduo. As crenças centrais são as mais resistentes à mudança e têm um impacto profundo nos pensamentos, emoções e ações de uma pessoa.

Ao compreender a complexa interação entre esses fatores e sua influência no sistema de crenças, você pode obter uma visão mais profunda das fontes e da dinâmica de suas crenças. Esse conhecimento pode capacitá-lo a desafiar crenças limitantes, abraçar novas perspectivas e promover o crescimento pessoal e a autoconsciência.

Para entender verdadeiramente a essência de sua identidade com base em suas crenças fundamentais, imagine-se nascido em um contexto e circunstâncias totalmente diferentes, como um país, família, religião, classe social, geração, formato de corpo, gênero, saúde...
Ao fazer isso, você pode explorar se ainda mantém as mesmas crenças que tem hoje e obter uma compreensão mais profunda de como suas experiências e ambiente moldaram suas crenças e, finalmente, sua identidade.

Com os avanços da tecnologia e da ciência, agora você tem maior acesso à informação e um meio mais fácil de interagir com pessoas de diferentes culturas e religiões. Isso o torna o melhor período da história para aprender, desaprender e reaprender sobre sua verdadeira essência e descobrir novas perspectivas que podem influenciar suas crenças.

A influência no sistema de crenças é relativa a cada pessoa. Isso se deve ao fato de que as emoções desempenham um papel significativo na maneira como você processa informações e pensa, por exemplo, um contador de histórias habilidoso com conhecimento limitado pode ter um impacto mais forte sobre você do que uma pessoa experiente com habilidades de comunicação fracas. Infelizmente, esse aspecto é frequentemente explorado no campo da política e da mídia, onde a desinformação pode se espalhar por meio de manipulação emocional, em vez de raciocínio baseado em fatos.

É por isso que curiosidade intelectual, conhecimento, inteligência emocional, habilidades de pesquisa, habilidades analíticas, análise comparativa, confiança em evidências e senso comum são todos ingredientes essenciais que apóiam sua capacidade de reforçar seu sistema de crenças, evitando a ignorância ou sendo limitado por crenças ou crenças limitantes. teorias auto-inventadas.

Crença e busca da verdade andam de mãos dadas, e tudo o que leva a ter mais clareza na busca da verdade faz parte da jornada que reforça seu sistema de crenças.

O que você acredita determina quem você é. Na medida em que seu sistema de crenças depende de sua identidade, ao quebrar as diferentes camadas que levam ao seu processo de tomada de decisão, você descobrirá sua verdadeira identidade.

Isso inclui o Corpo, a Mente, o Coração, a Alma e uma 5ª entidade da sua identidade: "VOCÊ".

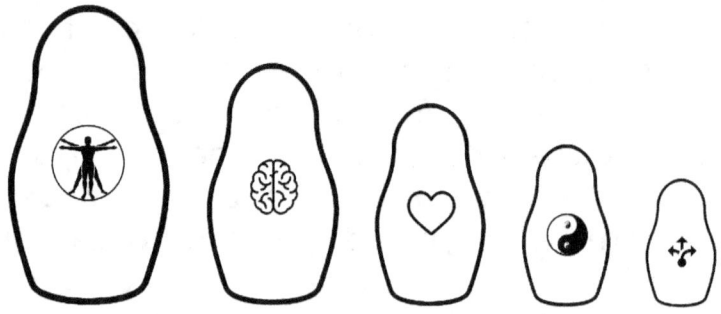

Assumimos que "VOCÊ" não é o corpo, nem a mente, nem o coração, nem a alma.

"VOCÊ" é o impacto interno e externo que deriva do livre-arbítrio das decisões, intenções e ações que você realiza.

Seu corpo é um receptáculo onde uma de suas funções é garantir uma mente sã, para que a mente se comunique com o coração que atua como uma bússola de equilíbrio.

A fusão da inteligência intelectual da mente combinada com a inteligência emocional do coração nutre o espírito ou o lado ego da alma.

Imagine a alma como uma criatura dentro de você que tem uma voz interior que influencia seus pensamentos, emoções e ações, dependendo da maneira como você nutre sua alma.

Pense assim, o carro é o seu corpo, o painel é a sua mente, o motor é o seu coração, o GPS é a sua alma e "VOCÊ" é o motorista.

"VOCÊ" é a entidade independente que orquestra com livre arbítrio as decisões e ações do corpo, mente, coração e alma.

EXERCÍCIO 2
Introspecção

Neste exercício introspectivo, você obterá mais clareza sobre sua identidade e os obstáculos que enfrenta para se tornar a versão ideal de si mesmo.

1. Quem é você?
Se você não tiver certeza de como responder a essa pergunta, considere pedir às pessoas mais próximas a você para descrevê-lo por escrito. Isso pode fornecer informações valiosas sobre como os outros o percebem e revelar aspectos de si mesmo que você não reconheceu ou explorou totalmente.

2. Quais são os pilares da sua vida?
Imagine que você é um templo e cada pilar representa um valor fundamental. Identifique o número de pilares que você teria e o que cada um representaria. Isso o ajudará a reconhecer os valores que orientam sua vida.

3. O que você deseja na vida?
Considere as coisas que são verdadeiramente essenciais para você, tanto o que você já possui quanto o que espera alcançar. Compreender seus desejos pode ajudá-lo a se concentrar no que realmente importa para você.

4. Quais são os eventos positivos em sua vida que o marcarão para sempre?
Reflita sobre os eventos de sua vida dos quais você mais se orgulha, independentemente de

quão significativos ou pequenos possam ser. Isso o ajudará a reconhecer e apreciar suas realizações.

5. Quais são os obstáculos entre você e sua versão ideal?
Por que você ainda não é a pessoa que gostaria de ser? o que está no caminho de você alcançar seu eu ideal?

6. Como você ilustraria ou descreveria a arquitetura de seu sistema de crenças?
Inspire -se na ilustração do sistema de crenças que foi compartilhado no subcapítulo de identidade para criar seu próprio modelo.

Essas perguntas introspectivas são projetadas para ajudá-lo a iniciar sua jornada de autodescoberta.
Embora forneçam um ponto de partida sólido, mergulhar mais fundo nos testes e avaliações psicológicas pode oferecer uma compreensão ainda mais profunda sobre seus traços de personalidade.
Ao alavancar exercícios e avaliações psicológicas comprovados, você será capaz de entender melhor a si mesmo, descobrir pontos fortes ocultos e identificar áreas de melhoria.
Para obter mais assistência e orientação, consulte a seção do livro "Exercício 2" em impactagon.com, que oferece uma lista abrangente de testes e avaliações psicológicas que aprimorarão sua exploração introspectiva, fornecendo uma abordagem mais holística e cientificamente fundamentada para a autodescoberta.

CAPÍTULO 3

OS 4 PILARES

Os 4 Pilares reforçam a base de sua identidade com os valores de nossa comunidade, ao mesmo tempo em que são uma ponte que conecta identidade e propósito.

Os 4 Pilares são:

3.1 O NÍVEL DE SUA CONSCIÊNCIA

3.2 A PUREZA DA SUA INTENÇÃO

3.3 A QUALIDADE DO SEU CARÁTER

3.4 O FOCO DA SUA VONTADE

APRESENTANDO OS 4 PILARES

Depois de fortalecer sua identidade, encontrando o equilíbrio entre corpo, mente, coração e alma, você experimentará um nível mais alto de consciência, que o tornará mais consciente do que sabe e do que não sabe, em 3 níveis :

- **Espaço e Tempo**
- **De fora para dentro e de dentro para fora**
- **Raízes e Ramos**

Saber o que se sabe e ser humilde o suficiente para reconhecer o que não se sabe é uma virtude da sabedoria que nos aproxima da sinceridade. Essa sinceridade melhora sua capacidade de posicionar a pureza de sua intenção em uma base trinária.

EGOÍSMO　　　　　AUTOCUIDADO　　　　　ALTRUÍSMO

Ao evitar o egoísmo ao adotar um autocuidado altruísta, você pode priorizar o bem-estar dos outros enquanto experimenta um estado de equilíbrio.

Esse estado de equilíbrio melhorará gradativamente a qualidade de seu caráter na maneira como você trata a si mesmo, à sociedade e ao meio ambiente. Começando com você como o epicentro de sua sociedade, seguido por seu círculo interno, círculo meio, círculo externo e o ambiente que é composto de água, ar, terra, plantas, animais e tudo que deriva deles.

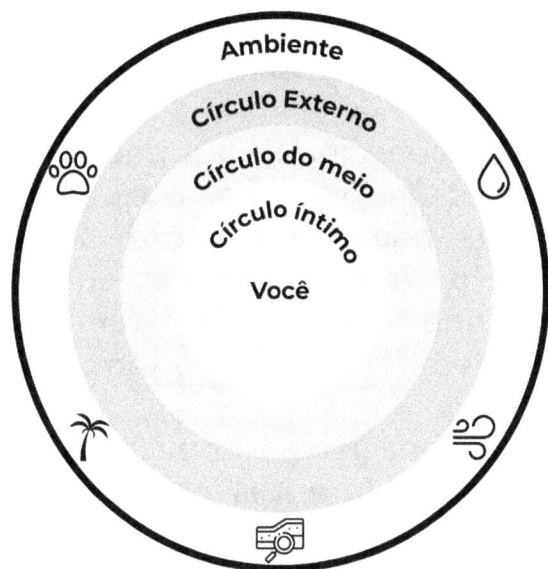

A cada segundo, você tem a opção de pensar ou agir, sabendo que todo pensamento ou ação pode ser direcionado a você, à sociedade ou ao meio ambiente.

Uma intenção sem ação é apenas um desejo, enquanto uma intenção seguida de ação é alimentada pela vontade. Fortaleça sua vontade com os 4Ds, que são a ponte entre intenção e impacto:

- Desejo
- Decisão
- Disciplina
- Determinação

PILAR 1
3.1 O NÍVEL DE SUA CONSCIÊNCIA

O nível de sua consciência é a pedra angular dos 4 Pilares. Consiste em saber o que você sabe e saber o que não sabe sobre si mesmo, a sociedade e o meio ambiente, equilibrando-se entre o grande quadro da vida e prestando atenção aos detalhes que importam.

Além disso, a consciência implica a versatilidade de adaptação a diferentes pessoas e situações, independentemente do tempo, lugar, maneira e contexto.

A consciência é um aspecto vital da vida porque está correlacionada com sua sobrevivência, seu modo de vida e a maneira como você prepara sua vida após a morte.

A falta de consciência pode ter consequências devastadoras para você, para a sociedade e para o planeta, levando a ansiedade, dor, doenças, ignorância, indiferença, violência, conflitos, poluição e muito mais.

Para ajudá-lo a posicionar o nível de sua consciência com base em qualquer cenário, criamos uma abordagem com 3 dimensões:

3.1.1 Espaço e Tempo

3.1.2 De fora para dentro e de dentro para fora

3.1.3 Raízes e Ramos

3.1.1 Espaço e Tempo

Imagine se você pudesse se ver na Terra pelos olhos de um astronauta sentado no espaço com a opção de realizar um zoom infinito, bem como a possibilidade de pausar e retroceder e avançar no tempo.

Essa visão macro o ajudaria a ver o quadro geral da vida, lembrando-o de sua relevância, a razão de sua existência, o propósito de sua vida e a maneira como você a vive, bem como os eventos e indivíduos ao longo da história do tempo que influenciaram a jornada de sua vida.

Ao aumentar o zoom, você começará a prestar atenção aos detalhes que importam. Essa consciência aumentada melhora sua capacidade de conectar os pontos entre conhecimento, experiência, desafios, oportunidades e recursos, ao mesmo tempo em que aprimora sua abordagem holística da vida.

3.1.2 De fora para dentro e de dentro para fora

Depois de se posicionar em termos de espaço e tempo, você será capaz de prestar mais atenção aos detalhes do seu ambiente, incluindo o que voluntariamente e involuntariamente entra e sai de você, bem como a forma como a informação ou um objeto é processado por seu corpo, mente, coração, alma e VOCÊ.

Toda ação tem uma reação, então o que quer que estimule seus sentidos é uma ação que terá uma reação que cria um impacto relativo à sua influência dentro de você e do mundo.

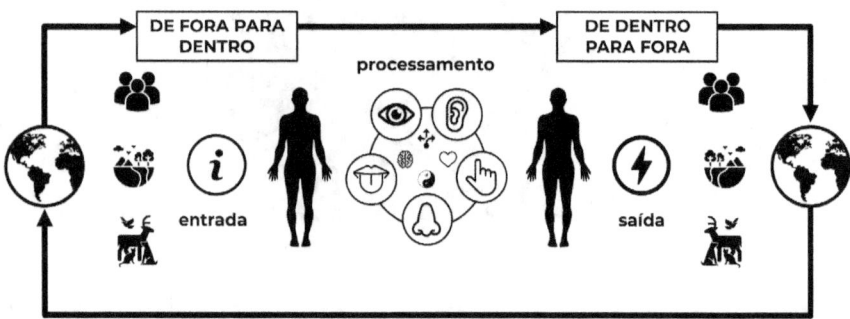

Isso inclui o ar que você respira, a água, a comida e o sol que você ingere, o que seus 5 sentidos coletam, o que você lê, o que você olha, o que você ouve, as palavras que saem de sua boca, seu cheiro, o que toca você e o que você toca...

Quanto mais você estiver ciente desse processo, melhor lidará com seus pensamentos, emoções e comportamento. Ao processar uma informação, certifique-se de ser versátil o suficiente para adaptar sua consciência a diferentes pessoas e situações, independentemente do tempo, local, maneira e contexto.

3.1.3 Raízes e Ramos

"Talvez você esteja procurando entre os ramos pois o que só aparece nas raízes..."
-Rumi

...no entanto, às vezes você também pode estar pensando demais nas raízes do que está aparecendo bem na sua frente, entre os galhos.

Posicionar-se em termos de espaço e tempo, prestando atenção ao processo entre o que você ingere e o que sai de você, aumentará seu espectro de clareza para poder encontrar o equilíbrio certo entre os momentos em que você deve procurar nas raízes VS o momento de procurar entre os galhos.

Ao fazer isso, você treinará sua mente intuitiva para aumentar o nível de sua consciência subconsciente.

**"A mente intuitiva é um dom sagrado e a mente racional é uma serva fiel.
Nós criamos uma sociedade que honra o servo e se esqueceu do presente".**
-Einstein

PILAR 2
3.2 A PUREZA DA SUA INTENÇÃO

O nível de sua consciência determina o nível de transparência que o ajuda a identificar a pureza de sua intenção.

Sua intenção é um estado mental no qual você se compromete com um curso de ação, onde cada ação depende de sua intenção.

Para identificar a pureza de sua intenção, primeiro você deve ser capaz de medir o alinhamento entre sua intenção e sua intenção interior.

Sua intenção interior é o "porquê" de sua intenção, define a sinceridade e a coerência entre o que você pretende, pensa, diz e faz.

Para simplificar o posicionamento da pureza de sua intenção, criamos uma escala trinária:

EGOÍSMO   AUTOCUIDADO   ALTRUÍSMO

A nossa cultura de altruísmo assenta num autocuidado altruísta que se situa entre o autocuidado e o altruísmo, consistindo em priorizar o bem-estar dos outros após atingir um estado de equilíbrio.

3.2.1 Altruísmo / Autocuidado / Egoísmo
3.2.2 Intenção VS intenção interna
3.2.3 A cultura do autocuidado altruísta

3.2.1 Altruísmo / Autocuidado / Egoísmo

Antes de mergulhar profundamente na pureza de sua intenção, é essencial primeiro estar alinhado em termos do significado de altruísmo, autocuidado e egoísmo:

Altruísmo
Colocar o bem-estar dos outros antes do seu

Autocuidado
Realizando os esforços necessários para alcançar um estado de equilíbrio.

Egoísmo
Priorizando seu interesse próprio mesmo depois de atingir seu equilíbrio e além.

A pureza de sua intenção é relativa aos ingredientes de sua identidade e recursos, bem como a cada pessoa e situação, dependendo do tempo, lugar, maneira e contexto.

Apesar dessa definição, a fronteira entre abnegação, autocuidado e egoísmo é tão tênue e dinâmica que uma intenção egoísta pode ser facilmente justificada como uma intenção de autocuidado, tornando difícil e complexo estabelecer uma linha estática entre eles.

Portanto, ser honesto consigo mesmo é o 1º passo para posicionar a pureza de sua intenção de forma transparente.

Supondo que você acredite ser um indivíduo altruísta; Imagine que você possui uma casa na cidade, e está pensando em comprar um 2º imóvel próximo ao mar, para lazer.

Considerando que o nível de sua consciência é alto o suficiente para lembrar que existem pessoas no mundo que precisam mais do seu apoio do que da sua necessidade de possuir uma 2ª propriedade perto do mar. Nesse caso, sua intenção está convergindo a pureza de sua intenção para o autocuidado ou egoísmo?

Podemos assumir qual é a sua resposta, mas as verdadeiras questões são sobre se perguntar onde e quando o autocuidado começa e termina? Quanta abnegação é necessária para ser altruísta? Quando é o momento em que o excesso de autocuidado vira egoísmo?

Antes de responder a essas perguntas, certifique-se de ser honesto consigo mesmo e de que o nível de sua consciência forneça transparência suficiente para o autojulgamento.

Independente de onde você se posicione, você precisa começar de algum lugar, pois o que conta é a sua evolução progressiva rumo ao altruísmo.

Portanto, quando a pureza de sua intenção não estiver clara, questione sua intenção interior...

3.2.2 Intenção VS intenção interna

Sua intenção interior é o porquê de sua intenção, é o propósito por trás do real significado de sua intenção.

É importante diferenciar e medir o alinhamento entre o que você pensa, o que você pretende, o que você diz e o que você faz, o que exige de você uma abordagem honesta do seu raciocínio enquanto adapta o nível de sua consciência à situação atual e contexto.

Tomemos o exemplo de 3 atletas que compartilham a mesma intenção de se tornarem os melhores jogadores do mundo. Se você questionasse cada atleta sobre sua intenção interior, a resposta poderia ser:

Atleta 1:
"Quero me tornar o melhor jogador do mundo para ser fonte de inspiração para quem começa do nada".

Atleta 2:
"Quero me tornar o melhor jogador do mundo para mostrar ao mundo que sou o melhor de todos os tempos".

Atleta 3:
"Quero ser o melhor jogador do mundo para deixar minha família orgulhosa".
Apesar de terem a mesma intenção, as intenções internas de cada atleta diferem umas das outras, tornando mais clara a pureza de sua intenção.

3.2.3 A cultura do autocuidado altruísta

Depois de se familiarizar com a noção de altruísmo, autocuidado e egoísmo, e adquirir a capacidade de diferenciar entre sua intenção e intenção interior, você manifestará maior transparência e honestidade ao posicionar a pureza de sua intenção dentro da escala trinária.

O altruísmo excessivo pode levar a uma falta de autocuidado que pode criar desequilíbrio, enquanto o autocuidado excessivo pode levar ao egoísmo.

Para experimentar o equilíbrio dentro da pureza de sua intenção, você precisa encontrar um meio termo entre o autocuidado e o altruísmo, que descrevemos como autocuidado altruísta.

EGOÍSMO   AUTOCUIDADO   ALTRUÍSMO

AUTOCUIDADOS
DISINTERESSADO

O desafio em alcançar um estado de autocuidado altruísta depende de você estar altruísta convergindo para o autocuidado ou em um estado de autocuidado convergindo para o altruísmo.

Se você é altruísta e converge para o autocuidado, deve aprender a encontrar o equilíbrio, colocando seu bem-estar antes do bem-estar dos outros.

Embora se você esteja em um estado de autocuidado e tentando alcançar o autocuidado altruísta, você precisa aprender a se tornar altruísta, um hábito que requer consciência e prática, o que lhe dá a oportunidade de solicitar a si mesmo e medir o nível de transparência e honestidade que você envolve consigo mesmo e com os outros.

O altruísmo também ajuda você a limpar seu sistema de negatividade, seja por meio de pensamentos, emoções, hábitos ou comportamentos .

Sempre que você experimentar um padrão negativo, reavalie sua intenção e mude-a para o altruísmo.

Quanto mais você integrar a cultura do altruísmo dentro de você, mais perto estará de experimentar um sentimento de paz interior.

Ao adotar uma cultura de autocuidado altruísta, você prioriza o bem-estar dos outros enquanto experimenta o equilíbrio, o que maximiza seu impacto em si mesmo, na sociedade e no meio ambiente e melhora a qualidade de seu caráter.

Lembre-se que o que você recebe é o que você dá, mas não necessariamente da mesma pessoa...

PILAR 3
3.3 A QUALIDADE DO SEU CARÁTER

A qualidade do seu caráter é determinada por:

3.3.1 A maneira como você se trata
3.3.2 A maneira como você trata a sociedade
3.3.3 A maneira como você trata o meio ambiente...
...com base nos ingredientes de sua identidade e seus recursos disponíveis:

IDENTIDADE	RECURSOS	SOCIEDADE	AMBIENTE
Corpo	Tempo	Você	Água
Mente	Experiência	Círculo interno	Ar
Coração	Dinheiro	Círculo meio	Terra
Alma	Pessoas	Círculo externo	plantas
"VOCÊ"	Informação		animais
	Ferramentas		

Definimos a sociedade como círculos de indivíduos e instituições que você predefine começando por você, seu círculo interno, círculo meio e círculo externo. O que se entende por meio ambiente é ar, água, terra, plantas e animais, bem como tudo o que é extraído ou derivado deles.

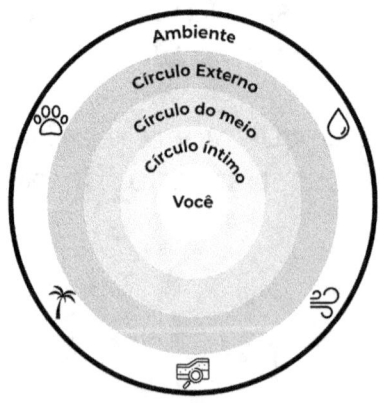

3.3.1 A maneira como você se trata

O Capítulo 2 destaca que você é um ser complexo composto de corpo, mente, coração e alma. A forma como você trata o seu ser é a forma como você trata a si mesmo. Isso significa evitar o que é ruim, fazer o que é bom e se esforçar para ser melhor a cada dia.

Comece tratando a si mesmo com consciência. Cultive uma abordagem consciente de todos os aspectos de sua vida, prestando muita atenção aos fatores internos e externos que afetam seu bem-estar. Ao reconhecer e compreender conscientemente essas influências, você pode fazer escolhas mais informadas para promover uma vida mais saudável e equilibrada.

Trate-se com autocompaixão. Em vez da frase comum "Trate os outros como você gostaria de ser tratado", inverta-a e considere como tratar a si mesmo da maneira que deseja que os outros o tratem. Ao fazer isso, você aumentará sua autossuficiência e diminuirá sua dependência dos outros, convertendo-se de receptor em doador.

Por exemplo, se você se tratar com amor, terá tanto amor próprio que sua necessidade de ser amado se transformará em desejo de compartilhar e espalhar amor. Essa abordagem aumentará sua independência enquanto espera menos ou nada dos outros.

Indivíduos que cumprem seus compromissos tendem a ser respeitados por sua dedicação. Tratar a si mesmo com o mesmo nível de comprometimento que espera dos outros transformará gradualmente suas intenções em autopromessas que levam ao autorrespeito e à autenticidade.

Portanto, é essencial que você invista continuamente em si mesmo. Trate-se como um investidor do seu ser. Invista em seu corpo com um estilo de vida saudável, invista em sua mente com conhecimento, invista em seu coração com amor e invista em sua alma com espiritualidade.

Quanto você pode investir depende de seus recursos, que são baseados em tempo, experiência, dinheiro, informações, ferramentas e pessoas. Esses recursos devem ser distribuídos com sabedoria entre os esforços para impactar a si mesmo, à sociedade e ao meio ambiente, adotando uma cultura de autocuidado altruísta.

Em resumo, tratando-se com autoconsciência, autocompaixão e autocompromisso, você se tornará mais autossuficiente.

Investir em si mesmo com sabedoria o ajudará a alocar mais energia e recursos para os esforços de maximizar seu impacto na sociedade e no meio ambiente.

3.3.2 A maneira como você trata a sociedade

A sociedade é um sistema composto por indivíduos e instituições que coexistem como indivíduos ou grupos, visando satisfazer seus interesses pessoais em um contexto coletivo.

A qualidade de uma sociedade é determinada pela coesão social dos seus membros, baseada no seu sentimento de pertença à sociedade, bem como na sua capacidade de superar as suas diferenças, mantendo um equilíbrio entre os seus interesses pessoais e o bem-estar da sociedade como um todo .

Para maximizar seu impacto na sociedade, primeiro você precisa definir sua sociedade. Isso inclui os membros e instituições com quem você tem ou pretende construir relacionamentos, interações ou conexões.

Categorize-os criando seus círculos de importância, começando com você mesmo no epicentro, seguido pelo círculo interno, meio e externo.

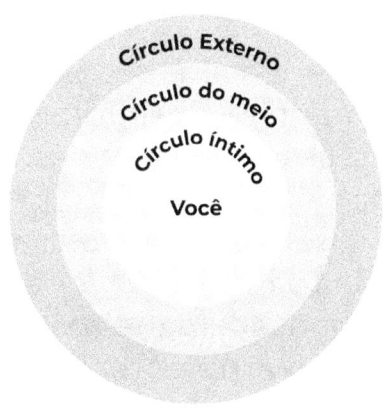

A razão pela qual você está no epicentro do círculo da sociedade é que, ao se esforçar para se tornar a melhor versão de si mesmo, você automaticamente influencia sua sociedade ao se tornar uma fonte de inspiração. Se todos os membros da sociedade aplicassem essa abordagem, o mundo seria um lugar melhor.

Ao combinar um alto nível de consciência com uma intenção pura que converge para um autocuidado altruísta, a qualidade do seu caráter aumenta. Isso inclui viver um estilo de vida saudável, prestando atenção à sua linguagem corporal, à maneira como você se veste, se comunica e transmite um sentimento de confiança e confiabilidade às pessoas ao seu redor.

Sua intenção altruísta atrai as pessoas certas e oportunidades para você prosperar.

A qualidade do seu caráter se aplica nos bons e nos maus momentos. Isso significa que você deve buscar a paz, mas sempre estar preparado para a guerra.

Isso inclui proteger você e sua sociedade do mal, corrupção, ignorância, desinformação e tudo e todos que possam prejudicar o bem-estar da sociedade e do meio ambiente.
Não espere que os outros tenham uma responsabilidade para com você, mas sempre tenha uma responsabilidade para com você, a sociedade e o meio ambiente. É seu direito e seu dever.

3.3.3 A forma como você trata o meio ambiente

O meio ambiente inclui tudo o que é composto, extraído ou derivado do ar, da água, da terra, dos animais e das plantas. Isso inclui líquidos, alimentos, matérias-primas, materiais processados e ultraprocessados, objetos físicos e digitais, combustíveis fósseis, emissões de gases e muito mais.

A maneira como você trata o ambiente reflete a qualidade do seu caráter, pois exige que você aja tanto individual quanto coletivamente. Suas ações e comportamentos em relação ao meio ambiente podem ter impacto em sua saúde e bem-estar, em suas comunidades e, por fim, afetar a qualidade de vida das gerações futuras.

Sua responsabilidade individual para com o meio ambiente é entendê-lo, respeitá-lo e protegê-lo. Aumentar sua consciência ambiental é o primeiro passo para saber quais ações tomar e como tomá-las.

Ao adotar práticas sustentáveis em sua vida diária, como reduzir o desperdício, conservar os recursos naturais e proteger os ecossistemas e os habitats da vida selvagem, podemos causar um impacto significativo no meio ambiente.

Sua responsabilidade coletiva é compartilhar sua alfabetização ambiental com outras pessoas e se envolver em iniciativas que possam influenciar políticas e ações governamentais e corporativas para reduzir as emissões de gases do efeito estufa e sistemas dependentes de combustíveis fósseis para enfrentar os desafios globais.

Embora sua contribuição individual possa parecer pequena em comparação com os danos causados pelas empresas que emitem gases de efeito estufa, cada voz conta. A única maneira concreta de alcançar mudanças de longo prazo é por meio de orquestração e impacto exponenciais, que começam com você.

É crucial reconhecer que a maneira como você trata o meio ambiente está interligada com a maneira como você trata a si mesmo e à sociedade, pois a maneira como você faz qualquer coisa é a maneira como você faz tudo.

Ao priorizar a sustentabilidade e assumir a responsabilidade por suas ações em relação ao meio ambiente, você pode criar um futuro mais harmonioso e gratificante para você e as gerações futuras.

PILAR 4
3.4 O FOCO DA SUA VONTADE

A cada segundo do seu dia e noite, você tem a opção de pensar ou agir. Você pode pensar em algo relevante ou menos relevante, ou pode agir por você, pela sociedade ou pelo meio ambiente. A escolha que você faz de forma consistente faz parte de sua vontade de maximizar seu impacto, o que requer foco. Esse foco é o que chamamos de foco da sua vontade.

O foco de sua vontade é uma responsabilidade diligente que exige que você alterne entre o autocuidado e o altruísmo, sendo versátil o suficiente para ajustar suas prioridades à natureza dinâmica das pessoas e situações. Este ajuste é baseado no lugar, tempo, forma, contexto, os ingredientes de sua identidade, seus recursos disponíveis, os círculos de sua sociedade e as necessidades e deveres ambientais. Isso é o que chamamos de mapeamento da sua vontade.

IDENTIDADE	RECURSOS	SOCIEDADE	AMBIENTE
Corpo	Tempo	Você	Água
Mente	Experiência	Círculo interior	Ar
Coração	Dinheiro	Círculo meio	Terra
Alma	Pessoas	Círculo Externo	plantas
"VOCÊ"	Informação		animais
	Ferramentas		

Com um número infinito de opções para causar impacto, é crucial selecionar, priorizar e planejar o mapeamento de sua vontade. Ao fazer isso, você pode determinar no que focar, quando focar e, o mais importante, como focar.

3.4.1 VONTADE

O foco da sua vontade começa com a sua vontade de focar, portanto, antes de aprender sobre o foco, primeiro você precisa entender sobre a sua vontade.

A pureza de sua intenção é baseada na natureza de sua intenção interna, enquanto a qualidade de seu caráter é baseada na natureza de suas ações. Uma intenção sem ação é apenas um desejo, enquanto uma intenção seguida de ação é movida pela vontade, por isso é chamada de força de vontade.

Fortaleça sua vontade com os 4Ds, que são uma ponte entre a intenção e o impacto.

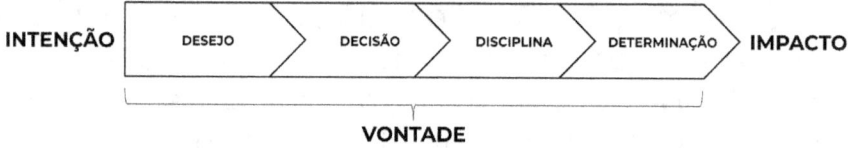

Vamos orientá-lo através dos 4Ds:

Desejo

O primeiro passo no processo de transformar a intenção em impacto é ter um forte desejo ou motivação para atingir um objetivo específico. Esse desejo fornece a energia inicial e a inspiração necessárias para agir. É a base de sua jornada, levando você a imaginar o resultado e alimenta sua determinação de ir até o fim.

Decisão

Depois de ter um desejo claro, o próximo passo é tomar uma decisão sobre quais ações específicas você tomará para atingir seu objetivo. Essa decisão envolve avaliar diferentes opções e escolher aquela que está mais alinhada com seus valores e intenções. Tomar uma decisão bem informada define o rumo de sua jornada, garantindo que seus esforços sejam canalizados na direção certa.

Disciplina

Com uma decisão clara em mente, o próximo passo é desenvolver a disciplina necessária para planejar, gerenciar e executar as ações necessárias para atingir seu objetivo. Isso envolve criar um plano estruturado, gerenciar seu tempo de maneira eficaz e manter o foco na tarefa em questão. A disciplina é o ritual que impulsiona seu progresso, ajudando você a manter a consistência e o ímpeto ao longo de sua jornada.

Determinação

Finalmente, a última etapa no processo de transformar a intenção em impacto é a determinação. Isso envolve ter força mental e emocional para resistir às tentações e superar os obstáculos que possam surgir no caminho. Determinação envolve permanecer comprometido com seu objetivo, mesmo diante de contratempos ou desafios. É a crença inabalável em sua capacidade de sucesso, impulsionando você para frente e garantindo que você persista até que seu objetivo seja alcançado.

3.4.2 FOCO

O conceito de foco é essencial no processo de fortalecer sua vontade e realizar seus objetivos.

Exige que você elimine todas as distrações desnecessárias que possam impedi-lo de alcançar um estado de clareza e equilíbrio, o que, por sua vez, ajuda a aumentar seu nível de consciência e melhora seu processo de tomada de decisão começando pela direção da vontade que você deseja alvo.

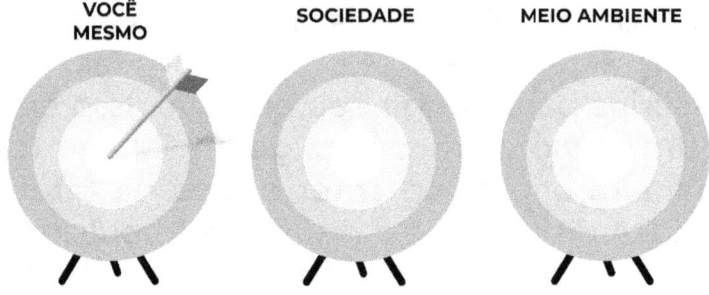

Supondo que sua vontade seja um caminho que vai de A a B.

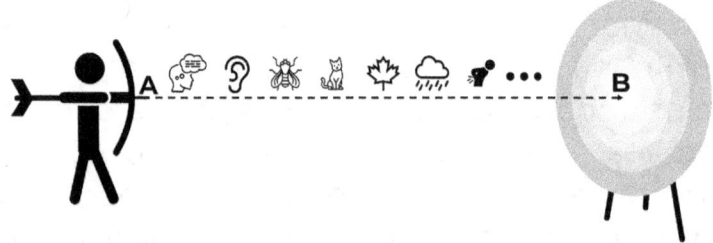

Para se concentrar efetivamente em sua vontade, você deve primeiro antecipar e abordar quaisquer obstáculos internos e externos que possam impedir seu progresso.

Obstáculos internos, como preguiça, doença, raiva e crenças limitantes, podem tentá-lo a se desviar, procrastinar ou desistir de seguir o caminho desejado.

Obstáculos externos, como pessoas, eventos, clima ou incidentes, podem influenciar sua agenda e energia, afetando sua capacidade de se concentrar em sua vontade.

O próximo passo é dividir o caminho em etapas menores e focar em cada etapa individualmente, em vez de no caminho inteiro. O objetivo é evitar sobrecarregar sua mente.

O segredo do foco da sua vontade está em prestar atenção a cada aspecto do processo que compõe o caminho da sua vontade, em vez de tentar se concentrar em todo o caminho de uma vez.

"Você não se propõe a construir um muro. Você não diz 'eu vou construir o maior muro que já foi construído.' Você não começa por aí. Você diz: 'Vou assentar este tijolo tão perfeitamente quanto um tijolo pode ser assentado'. Você faz isso todos os dias. E logo você tem uma parede.
- Will Smith

Cada vontade é um tijolo, o mapeamento da sua vontade é a parede. O foco da sua vontade contribui para maximizar o impacto para você, para a sociedade e para o meio ambiente, definindo como você vive seu propósito.

EXERCÍCIO 3
Adicionando ou substituindo um Pilar

Reflita sobre os 4 Pilares e considere se você tivesse a oportunidade de substituir um dos pilares existentes ou adicionar um novo, qual pilar você escolheria para substituir e o que representaria o novo pilar? Reimagine o templo com os novos pilares e visualize como seria o templo, levando em consideração o Pilar novo ou modificado.

Explore as respostas da nossa comunidade e compartilhe as suas enviando sua resposta em impactagon.com

PARTE 2

CAPÍTULO 4

VIVA SEU PROPÓSITO

A maioria das pessoas tende a passar a vida procurando seu propósito em vez de simplesmente vivê-lo. É por isso que convidamos você a se juntar à nossa comunidade de "impactores", onde os membros compartilham um propósito comum de maximizar o impacto para si mesmos, a sociedade e o meio ambiente.

Como autores desta iniciativa, nosso papel é orquestrar a comunidade para ajudá-lo a viver seu propósito em um contexto coletivo, para que os esforços combinados de cada membro possam produzir o que chamamos de "impacto exponencial".

Não importa quão grande ou pequeno seja o seu impacto, você precisa começar de algum lugar. Portanto, neste capítulo, queremos que você comece a agir com pequenos passos, para que você já experimente a sensação de realização ao causar impacto. Como dizem esses 2 provérbios:

"Se você acha que é pequeno demais para fazer a diferença, tente dormir com um mosquito."
- Dalai Lama See More
&
"Uma jornada de mil milhas começa com um único passo."
- Lao Tzu See More

Seu propósito é a direção que você toma que dá um objetivo ao seu significado de vida, ao mesmo tempo em que dá um significado ao(s) seu(s) objetivo(s) na vida.

O propósito de ter um propósito é desfrutar de um estilo de vida em que você experimenta um sentimento de realização em cada momento de sua jornada, tendo clareza e certeza suficientes sobre o que fazer na vida, quando fazer e como fazer. para que você possa pensar bem, sentir-se bem, ser bom, fazer o bem e continuar progredindo todos os dias em direção à sua melhor versão.

Um propósito é um meio para um fim: os meios são a meta e o significado, que são condicionados por tempo e recursos, e o fim é o sentimento de realização .

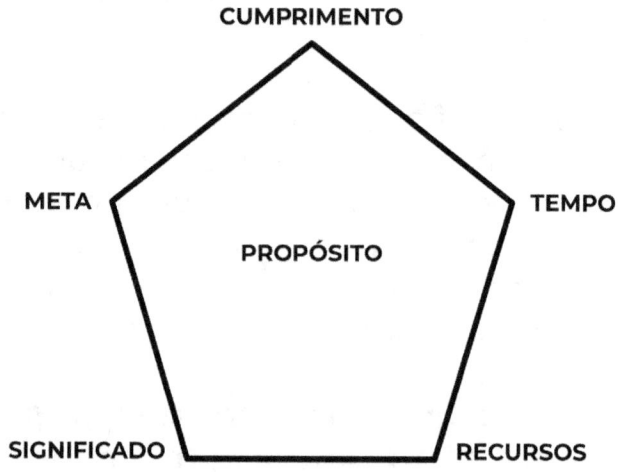

Vamos agora elaborar como o conceito de propósito está interconectado com tempo, recursos, significado, meta(s) e realização.

4.1 TEMPO

O traço entre a data de seu nascimento e morte é mais do que apenas um simples sinal de pontuação. É a história da sua vida.

[＿ ＿ ＿ ＿] · [＿ ＿ ＿ ＿]

A caneta que escreve cada momento dessa história é o seu livre arbítrio, enquanto o seu papel é o destino que é co-Autor o Divino.

A maneira como você usa seu tempo determina a narrativa de sua história. Uma narrativa baseada nas suas decisões, ações e impacto que você deixa no mundo e no seu mundo.

A história de sua vida também inclui o que está acontecendo dentro de seu mundo, seu mundo interior, que é composto de pensamentos e sentimentos que moldam sua experiência de vida.

Viver seu propósito de maximizar o impacto para si mesmo, para a sociedade e para o meio ambiente facilitará sua definição e direção de metas, ao mesmo tempo em que dará significado a cada meta que você almeja para viver uma história de realização.

Você tem uma quantidade finita de tempo em que seus objetivos e opções sobre como usar seu tempo são condicionados por seus recursos, que incluem: Tempo, experiência, dinheiro, pessoas, informações e ferramentas.

4.2 RECURSOS

Seus recursos limitam seus objetivos. Comece criando uma lista geral de seus recursos, que você pode refinar e expandir nos capítulos 6 e 7. Seus recursos incluem:

Tempo
Determine quanto tempo livre você tem ou pode disponibilizar por dia/semana/mês.

Experiência
Identifique a experiência, habilidades ou valor que você pode oferecer aos outros, incluindo apoio físico, emocional ou psicológico.

Dinheiro
Avalie quanto dinheiro extra você pode alocar ou economizar para uso futuro.

Pessoas
Liste as pessoas e instituições em sua rede que representam seu capital humano.

Informação
Compile uma lista abrangente de todas as fontes das quais você obtém informações.

Ferramentas
Pense em todas as ferramentas naturais, físicas e digitais que você tem à sua disposição.

4.3 SIGNIFICADO

Significado refere-se à essência subjacente de suas atividades. É um conceito que ajuda você a entender e encontrar coerência em sua vida, fornecendo contexto ou propósito, conectando seus pensamentos, ações e crenças de maneira lógica. Encontrar um significado em suas experiências permite que você navegue na vida com um senso de propósito e obtenha dela uma sensação de realização.

Assim como com o foco de sua vontade, o significado deve ser dado não apenas ao propósito, mas também a cada pensamento e ação que conduz a ele.

Em outras palavras, o significado é encontrado tanto na jornada quanto no destino. Essa perspectiva permite que você experimente um senso de propósito e realização durante todo o processo, não apenas ao atingir seus objetivos. Uma maneira de garantir isso é adotando uma abordagem holística da vida.

Ao adotar uma abordagem holística, você pode entender como elementos separados que pertencem a uma complexa rede de relacionamentos podem influenciar uns aos outros de tantas maneiras possíveis. O significado de uma conexão entre dois elementos é determinado pela extensão em que essa conexão se alinha com seu propósito.

Imagine que você é apaixonado por proteger o meio ambiente e conservar os recursos naturais. Esse propósito subjacente orienta suas decisões e ações, motivando você a viver um estilo de vida mais sustentável e ecológico .

Para adotar uma abordagem holística, você pode começar examinando vários aspectos de sua vida e identificando áreas onde você pode fazer escolhas ambientalmente conscientes.

Isso pode envolver a adoção de uma dieta baseada em vegetais, redução do consumo de energia, uso de transporte público ou bicicleta em vez de dirigir e apoiar empresas com práticas ecológicas.

Ao se engajar nessas práticas sustentáveis, você pode inspirar amigos, familiares e colegas a adotar hábitos semelhantes, criando um efeito dominó que se estende além do seu círculo imediato. Esse esforço coletivo contribui para o bem-estar do planeta e de seus habitantes.

Sua paixão pela sustentabilidade ambiental também pode incentivá-lo a se tornar um membro ativo de organizações ambientais locais ou globais. Ao participar de atividades como plantio de árvores ou conscientização sobre questões de conservação, você ajuda a criar um mundo mais verde e saudável para as gerações futuras.

Em seu local de trabalho, você pode defender práticas mais sustentáveis, como reduzir o desperdício, economizar energia e promover o trabalho remoto.

Ao implementar essas mudanças, você contribui para uma cultura de responsabilidade ambiental e inspira outras pessoas a fazerem o mesmo.

Seu compromisso com a sustentabilidade ambiental também pode levá-lo a buscar mais educação ou uma carreira em um campo relacionado à conservação ou energia renovável. Ao combinar sua paixão pelo meio ambiente com sua experiência profissional, você pode promover mudanças significativas em uma escala maior.

Neste exemplo, sua dedicação à sustentabilidade ambiental se espalha por todos os aspectos de sua vida, desde escolhas pessoais até envolvimento na comunidade e atividades profissionais.

Ao adotar uma abordagem holística, você cria conexões significativas entre esses vários elementos, reforçando seu senso de propósito e contribuindo para um bem maior.

Como resultado, você experimenta uma sensação de realização e satisfação ao longo de sua jornada.

4.4 META(S)

Imagine um dia em que você adota uma abordagem holística desde acordar até cair no sono.

Imagine dividir 24 horas em 3 categorias: 8 horas para dormir, 8 horas para trabalhar e 8 horas para "vida". Reconheça a interconexão de suas ações e anote as metas de impacto que você gostaria de alcançar para cada categoria e subcategoria com base em seus recursos disponíveis.

| | TIPO | METAS | RECURSOS | | | | | |
			Tempo	Dinheiro	Experiência	Pessoas	Informações	Ferramentas
VOCÊ MESMO	Corpo	Objetivo 1						
		Marco 1						
		Marco 2						
		Marco 3						
		meta 2						
		Meta 3						
	Mente e Coração	meta 4						
		meta 5						
	Alma	Meta 6						
SOCIEDADE	Interno							
	Meio							
	Exterior							
MEIO AMBIENTE	Água							
	Ar							
	Terra							
	plantas							
	animais							

4.5 CUMPRIMENTO

À medida que você embarca na jornada de viver seu propósito e maximizar seu impacto, a realização se torna parte integrante da experiência.

Em vez de buscar a realização apenas na conquista de seus objetivos, é essencial abraçar todo o processo, celebrando os pequenos marcos e as conexões que você faz ao longo do caminho.

Cada passo que você dá em busca de seu propósito o aproxima de uma vida mais gratificante. Concentrando-se no momento presente, abraçando as lições aprendidas e valorizando o crescimento vivenciado, você descobrirá que a realização não é um destino distante, mas um estado de ser que o acompanha em toda a sua jornada.

Ao perseguir seu propósito, celebre seu progresso e a influência positiva que teve e continua a ter em si mesmo, na sociedade e no meio ambiente. Essas experiências e realizações contribuem para a riqueza de sua vida, cultivando uma sensação de realização duradoura .

Ao adotar uma cultura de realização , você incorpora uma identidade fortalecida e abraça um propósito cumprido, trazendo harmonia e contentamento a todos os aspectos de sua vida.

EXERCÍCIO 4
Tome uma atitude

Este exercício de duas partes incentiva você a agir imediatamente e criar um impacto positivo alinhado com a vivência de seu propósito.

Parte 1: Abrace a novidade e a positividade

Escolha uma ação positiva que você raramente fez ou nunca tentou antes e execute-a. Exemplos de ações positivas incluem:

Para você mesmo
- Sorria sozinho
- Cozinhe um novo prato saudável
- Aprenda um novo idioma
- Faça um curso de Tai chi ou Artes Marciais
- Envolva-se em uma desintoxicação digital

Para a sociedade
- Fazer alguém rir
- Doe sangue
- Ligar/visitar alguém de uma casa de repouso
- Faça uma doação ou compartilhe uma refeição
- Compartilhe suas habilidades organizando um workshop

Para o meio ambiente
- Plante uma árvore
- Apoie políticas que reduzam as emissões de carbono
- Seja voluntário em uma organização que constrói poços e sistemas de água para comunidades carentes
- Voluntário em um abrigo de animais local

Parte 2: Conectar e Inspirar

Aproxime-se de um estranho e mencione brevemente que você está lendo um livro de autoajuda e desenvolvimento pessoal focado em criar um impacto positivo para os indivíduos, a sociedade e o meio ambiente. Peça a opinião deles sobre como cada pessoa poderia contribuir para fazer a diferença nessas áreas.

Compartilhe com o estranho a ação que você realizou na Parte 1 e como ela o fez se sentir. Incentive-os a pensar em fazer algo semelhante ou peça-lhes ideias sobre o que podem fazer para criar um impacto positivo.

Ao fazer isso, você pode encontrar inspiração nas ações dos outros e contribuir para o cumprimento de seu propósito pessoal em um contexto coletivo.

Se precisar de mais ideias para a parte 1 ou exemplos de scripts sobre como abordar um estranho e iniciar uma conversa, consulte o exercício 2 em impactagon.com.

Depois de concluir o exercício, sinta-se à vontade para compartilhar sua experiência e o impacto que causou.

CAPÍTULO 5

PAIXÃO, A PORTA PARA O SUCESSO

A raiz da palavra "paixão" é " patior ", que em latim significa sofrer ou suportar. O verdadeiro significado não se refere ao sofrimento em si, mas sim à energia que te sustenta enquanto enfrenta desafios.

Quando questionado sobre sua paixão por algo ou alguém, refere-se ao quanto você pode suportar desafios para manter essa pessoa ou coisa presente em sua vida.

A paixão encapsula uma mistura de sentimentos, incluindo amor, felicidade, emoção, prazer... que estimulam sua motivação, força de vontade e coragem em busca de uma recompensa ou realização .

Ao contrário da crença popular, a paixão não é algo para buscar ou procurar. Em vez disso, é um sentimento inato embutido em tudo que está entre sua identidade e seu propósito.

A paixão não é um fim em si mesma, mas um meio para um fim. Seguir ensinamentos que o encorajam a buscar sua paixão pode desviá-lo. Assim como o propósito, a paixão pode ser boa ou ruim, dependendo da natureza da sua identidade.

Se você tomar o exemplo de certos fumantes, eles podem ser preguiçosos demais para ir até a cozinha para cozinhar, mas apaixonados o suficiente para sair à noite no frio para ir ao supermercado comprar um maço de cigarros.

Antes de seguir sua paixão, você deve primeiro fortalecer sua identidade e garantir que ela esteja alinhada com seu propósito de maximizar o impacto para você, a sociedade e o meio ambiente.

Sua identidade serve como centro de gravidade para sua paixão, enquanto sua paixão atua como a bússola de seu propósito; A experiência equilibra sua paixão enquanto o sucesso a mede.

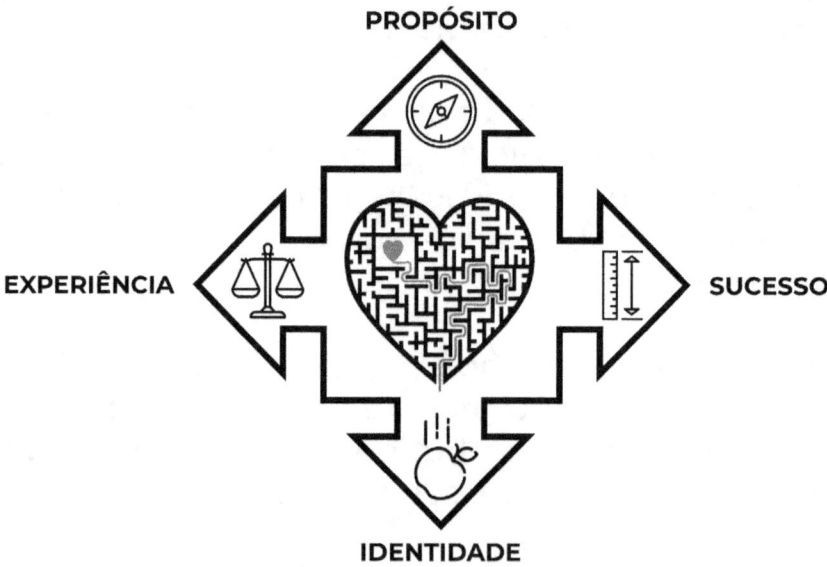

5.1 DOPAMINA, O HORMÔNIO DA PAIXÃO
5.2 RECOMPENSA VS BUSCA DE RECOMPENSA
5.3 A DICOTOMIA DA PAIXÃO

5.1 DOPAMINA, O HORMÔNIO DA PAIXÃO

A paixão é uma fonte de poder. O poder não é nada sem controle. Para sustentar sua paixão por um longo período de tempo, você deve entender como controlar sua paixão.

O núcleo accumbens é considerado a interface neural entre motivação e ação, enquanto a amígdala é responsável pelo processamento de emoções fortes, como prazer ou raiva, enviando sinais ao córtex pré-frontal, que controla pensamentos conscientes, como pensamento e planejamento.

Entre os hormônios responsáveis por desencadear sua paixão está a dopamina, o hormônio da realização. É a molécula de motivação que o leva a buscar recompensas na conquista de metas e permite que você faça o esforço necessário para ser bem-sucedido.

Considere sua identidade como liberador de dopamina, seu propósito como recompensa, sua experiência como gerente de dopamina e seu sucesso como medidor de seu nível de dopamina antes, durante e depois de obter a recompensa.

A maneira como você administra a dopamina influencia seu humor, motivação e movimento, o que pode afetá-lo em um nível epigenético.

A dopamina tem uma linha de base e uma linha de pico. Quando você consome chocolate, por exemplo, seu nível de dopamina dobra e volta à linha de base alguns minutos depois, enquanto quando você toma um banho frio, seu nível de dopamina dobra, mas leva várias horas para voltar à linha de base.

Toda vez que você atinge seu pico, o nível de dopamina fica abaixo de sua linha de fundo, antes de retornar à linha de base, enquanto se você continuar experimentando picos, a sensação de sua experiência dependerá do nível anterior de dopamina.

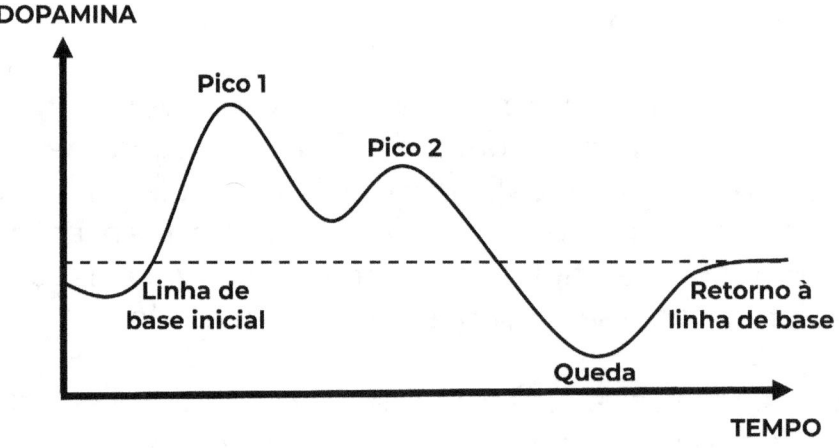

Para aumentar seu nível de dopamina de maneira natural, mantendo um nível balanceado progressivo que é delimitado entre a linha de base e o nível de pico, você precisa adotar um estilo de vida saudável combinado com a mentalidade certa sobre como você percebe a recompensa versus a busca pela recompensa.

5.2 RECOMPENSA VS BUSCA DE RECOMPENSA

Seu nível de dopamina muda antes, durante e depois de obter uma recompensa, que diminui abaixo da linha de base.

Quando o único fator motivacional em sua jornada é obter a recompensa, há chances de você ficar entediado no processo, o que o levará a incluir outros tipos de estimuladores de dopamina para distraí-lo do tédio que pode criar um desequilíbrio.

Ao manipular eticamente sua mente para acreditar que a recompensa está na busca pela recompensa, sua paixão se tornará a jornada, não o destino, o que subconscientemente fará você confiar no processo de "sem dor, sem ganho" (no pain, no gain), tirando você de sua zona de conforto enquanto experimenta um estado de paixão.

Como parte dessa abordagem, é essencial que você reduza sua dependência daquilo de que se sente dependente, para que possa ter uma margem de manobra maior quando se trata de seu locus de controle. Isso pode ser feito desconectando-se da tecnologia, jejuando, passando um tempo sozinho, o que o ajudará a apreciar mais o que está resistindo.

Na vida real, isso se traduz em pessoas que não têm a experiência necessária de saber o que querem, então caem na armadilha de "seguir sua paixão" que os leva a fazer algo com o qual se sentem confortáveis, em vez de algo que se destina a para prosperar em todo o seu potencial e se tornar uma fonte de inspiração.

O caminho divertido nem sempre é o caminho certo.

O coração e a mente podem ser vistos como duas forças complementares, uma fornecendo conforto e nutrição, enquanto a outra oferece disciplina e resistência. Equilibrar esses aspectos é essencial na gestão da paixão.

Toda vez que você ficar muito confortável em sua zona de conforto, você deve sair dela e construir uma nova.

Depois de entender que sua recompensa está na "dor", você continuará ganhando e subindo de nível em direção ao seu auge.

Aprender a gerenciar seus níveis de dopamina permite que você assuma o controle de sua paixão. Esse domínio fornece experiência em navegar no relacionamento entre pensamentos e emoções.

À medida que você continua refinando essa habilidade e propositalmente entra e sai de sua zona de conforto, alternando entre a recompensa e a busca pela recompensa, você se sentirá cada vez mais capaz de canalizar sua paixão para o sucesso.

5.3 A DICOTOMIA DA PAIXÃO

Sua paixão é um sinal que confirma se sua identidade está alinhada com seu propósito e se sua experiência está gerando o nível certo de sucesso. Portanto, sempre que sentir falta de paixão, fique feliz com isso, porque significa que você está prestes a subir de nível para uma nova versão de si mesmo e se conhecer melhor usando a seguinte abordagem dicotômica:

Você empoderou sua identidade?
Se não, então faça, se sim, vá para o propósito →

Sua recompensa está alinhada com seu propósito?
Se não, adapte-o, se sim, passe para a experiência.

Você está gostando da busca pela recompensa?
Se não, manipule sua mente, se sim, então você precisa redefinir seu sucesso ou recalibrar seu nível de sucesso por meio da privação.

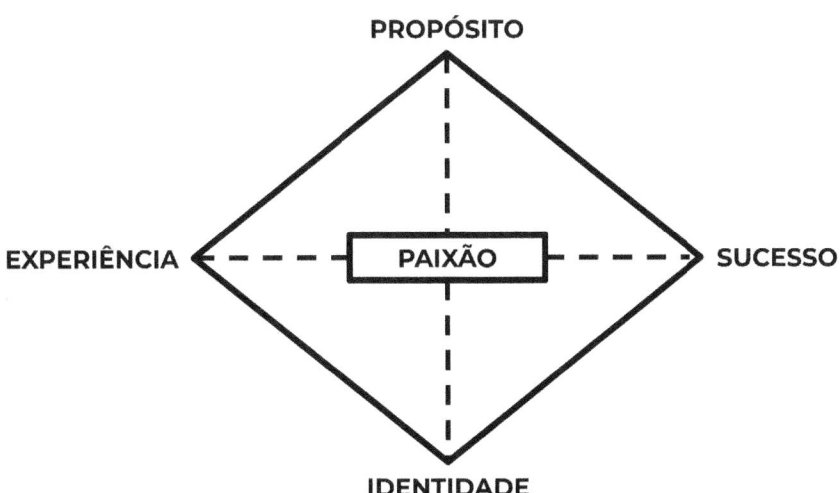

EXERCÍCIO 5
Experiência Paixão

O cérebro não consegue diferenciar entre imaginação e realidade. Portanto, neste exercício, queremos que você acenda sua paixão liberando o poder de sua imaginação.

Etapa 1: crie uma lista de paixões
Faça uma lista de coisas que você tem atualmente, coisas que gostaria de ter e coisas novas que nunca considerou antes. Isso inclui objetos, eventos, experiências, realizações pessoais, conhecer ou se tornar uma celebridade, viajar para um destino dos sonhos ou criar algo.

Passo 2: Crie um Quadro de Visão
Em sua lista, escolha um item que desperte seu interesse ou represente uma nova ideia que você nunca considerou. Crie um quadro de visão usando imagens, citações e outros elementos visuais que representem este item. Ao criar seu quadro de visão, deixe sua imaginação correr solta e experimente as emoções e o entusiasmo associados à busca dessa paixão. Sonhe grande e permita que sua imaginação desperte seu impulso interior.

Passo 3: Busque Inspiração
Pesquise pessoas que alcançaram ou vivenciaram o que você escolheu na Etapa 2. Aprenda sobre a jornada delas, os desafios que enfrentaram e como superaram os obstáculos para alcançar seus objetivos. Use suas histórias como inspiração e motivação.

CAPÍTULO 6

EXPERIÊNCIA, A CHAVE DO SUCESSO

Sua experiência é a sua capacidade de aplicar seu conhecimento e saber fazer para influenciar algo ou alguém, a fim de obter um resultado desejado.

O conhecimento é a compreensão teórica de um assunto que se baseia na maneira como você interpreta e gerencia as informações coletadas por seus sentidos.

Saber fazer é a forma como você traduz seu conhecimento em prática, que com a repetição se torna uma habilidade. De seu conjunto de habilidades, você extrai um valor que comunica por meio de seu corpo/ferramentas.

Sua influência é baseada no impacto que sua comunicação tem sobre o corpo, pensamentos, emoções e comportamento de alguém ou a mudança do estado de algo ao longo do tempo.

Seu resultado desejado se origina de seu sistema de crenças, que está conectado a um pensamento ou sentimento que se transforma em uma intenção, fazendo parte do seu propósito. Com o poder da paixão, isso aumenta sua força de vontade para experimentar o sucesso.

Portanto, sua experiência em saber o que você quer é tão importante quanto sua capacidade de obtê-lo.

A experiência requer consciência, equilíbrio e versatilidade para que você possa adaptar continuamente o resultado desejado aos recursos disponíveis de acordo com o tempo, local, maneira, situação e contexto.

Para adquirir experiência você precisa observar, aprender, praticar e repetir. Este ciclo leva à aquisição de habilidades que você pode adicionar à sua lista de ingredientes.

Sua experiência é como um processo de cozimento, onde tudo que você precisa são ingredientes (habilidades) e utensílios de cozinha (recursos) para preparar um prato (valor) que você pode servir ou uma receita para compartilhar (comunicação).

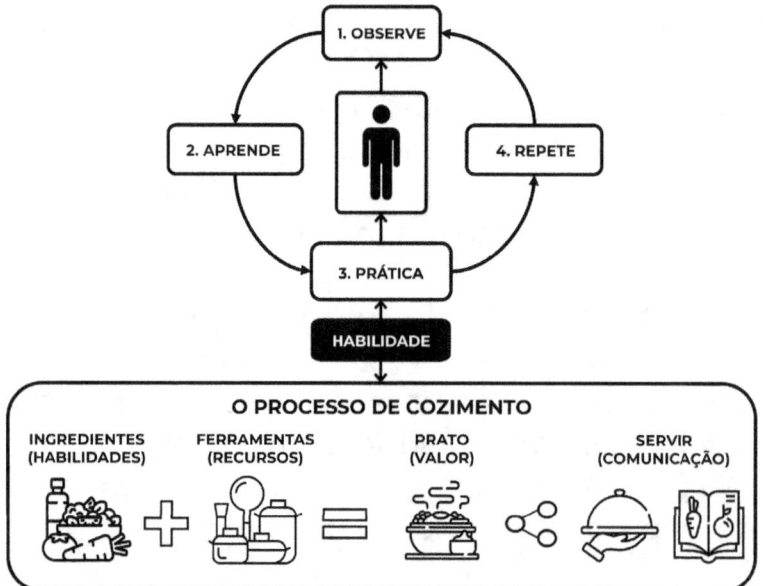

6.1 OBSERVAR

O primeiro passo na observação é remover distrações que possam influenciar a clareza das informações que você coleta enquanto aprende a prestar atenção aplicando o nível de sua consciência e o foco de sua vontade.

Sua capacidade de observar consiste em estar continuamente consciente do que está observando, como está observando e por que está observando, enquanto encontra o equilíbrio entre a observação externa e a interna. Isso envolve as informações que você coleta com seus cinco sentidos, bem como as sensações, pensamentos, emoções e comportamentos experimentados em seu corpo, mente, coração e alma.

Considere esse equilíbrio como observar o mundo através de uma janela versus refletir sobre si mesmo através de um espelho. Essa analogia ilustra a distinção entre captar o ambiente externo e voltar sua atenção para dentro, para auto-observação.

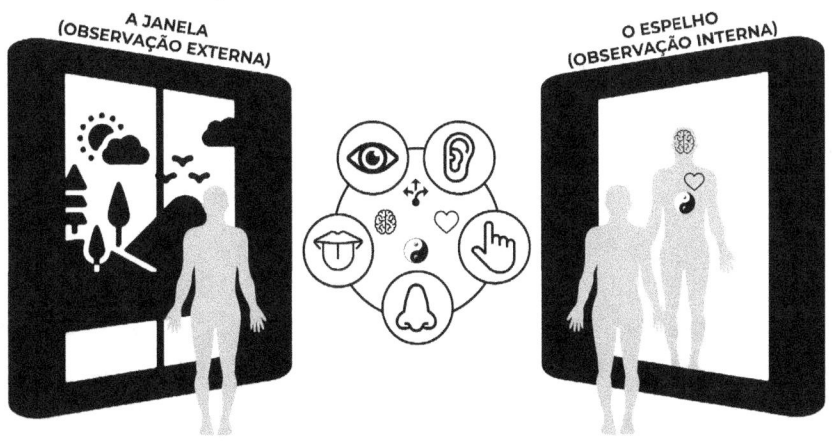

6.2 APRENDER

Observar é uma aprendizagem passiva, enquanto aprender a aprender é uma aprendizagem dinâmica. A combinação de aprendizagem passiva e dinâmica é uma aprendizagem ativa, que traz versatilidade ao seu processo de aprendizagem.

Uma maneira de adotar essa versatilidade de aprendizado é aprender, desaprender e reaprender. Vamos pegar o exemplo dos dois mapas a seguir:

MAPA NORTE PARA CIMA   **MAPA SUL PARA CIMA**

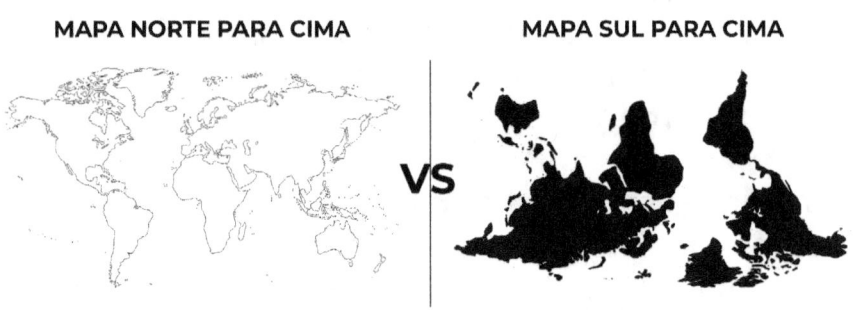

Sempre estivemos acostumados a ver mapas com o norte para cima. A pesquisa sugere que as posições norte-sul nos mapas têm consequências psicológicas. Em geral, o norte está associado a pessoas mais ricas, enquanto o sul está associado a pessoas mais pobres. Quando os participantes receberam mapas orientados para o sul, esse viés norte-sul desapareceu. O mapa Sul-Norte serve de exemplo e convite para você aprender algo novo, desaprender o que lhe foi ensinado e reaprender a olhar o mesmo mundo de uma perspectiva diferente.

6.3 PRÁTICA & 6.4 REPETIR

A observação ajuda a coletar informações, enquanto o aprendizado permite que você gerencie as informações coletadas, transformando-as em conhecimento. A forma como gere e aplica os seus conhecimentos através da prática, aliada à repetição, constitui o seu saber fazer.

"Não temo o homem que praticou 10.000 chutes uma vez, mas temo o homem que praticou um chute 10.000 vezes."
-Bruce Lee

Através da prática e repetição, é essencial medir seu progresso para que você possa confirmar que está fazendo as coisas certas e também fazendo as coisas de maneira correta e eficiente.

Também é essencial adaptar-se continuamente à mudança para reforçar a sua versatilidade.

"Esvazie sua mente, seja sem forma. Sem forma, como a água. Se você colocar água em um copo, ela se tornará o copo. Você coloca água em uma garrafa e ela se torna a garrafa. Você coloca em um bule, ele se torna o bule. Agora, a água pode fluir ou pode cair. Seja água meu amigo."
-Bruce Lee

Depois de observar, aprender, praticar e repetir, você adquire habilidades. Essas habilidades passam a fazer parte da sua lista de ingredientes.

6.5 O PROCESSO DE COZIMENTO

Vamos imaginar que você tem os melhores ingredientes, se colocar muito sal estraga o prato; se você usar os utensílios de cozinha errados, isso afetará a qualidade da sua comida; se seus ingredientes são incríveis, suas ferramentas são ótimas, seu prato é delicioso, mas se seu prato é servido frio ou para alguém que tem alergia, todo o seu esforço será em vão.

A razão pela qual estamos fazendo uma analogia entre experiência e culinária é que você precisa ser consistente e adaptável em todas as etapas do processo. Se você falhar em uma parte, falhará no processo geral.

O mesmo se aplica à sua experiência: se você falhar na observação, perderá informações valiosas; se o seu método de aprendizado não for versátil o suficiente e você continuar aprendendo as mesmas coisas da mesma maneira, continuará obtendo os mesmos resultados; se você praticar da maneira errada, não importa quantas vezes repita, seu impacto será limitado.

Quer se trate do processo de cozedura ou do processo de aprendizagem, é importante estar aberto a experimentar, correr riscos e aprender com os erros.

Às vezes, tentar novas combinações ou métodos pode levar a resultados inesperados e benéficos. Outras vezes, um prato ou tentativa fracassada pode ensinar lições valiosas que podem ser aplicadas a experimentos futuros, pois a probabilidade de sucesso depois de falhar é maior do que se você nunca tivesse tentado antes.

Você deve ser consistente em sua capacidade de observar, aprender, praticar e repetir, mantendo-se adaptável e flexível.

Depois de adquirir uma habilidade, você precisa entender como aplicá-la, como combiná-la com seus recursos, que valor extrair dela e, finalmente, como comunicá-la de maneira eficiente.

Comece a cozinhar sua experiência!

Tudo o que você precisa é:

- Ingredientes

- Utensílios de cozinha

- Um prato

- Servir o prato ou partilhar a receita

6.5.1 OS INGREDIENTES = SUAS HABILIDADES

Assim como criar um prato delicioso requer os ingredientes certos, suas habilidades são os componentes essenciais que compõem sua receita para o sucesso.

Para maximizar seu potencial, é crucial analisar e avaliar suas habilidades em vários aspectos de sua vida, adotando a filosofia de que "o amor vem da cozinha".

Comece se perguntando:
"No que eu sou realmente bom?"

Examine suas habilidades físicas, habilidades técnicas e habilidades interpessoais que o diferenciam em termos de ser bom, diferente ou único.

Não limite sua reflexão ao seu ambiente de trabalho; considere suas experiências profissionais, qualidades sociais, interesses pessoais... seus hobbies podem revelar talentos ocultos ou habilidades que você pode ter negligenciado.

Ao compilar sua lista de habilidades, pense nas áreas em que você pode aprimorar suas habilidades existentes. Reflita sobre quaisquer pontos fracos e explore as oportunidades de crescimento.

Além disso, considere novas habilidades que possam complementar seu conjunto de habilidades atual, alinhar-se com seus interesses ou abrir novas possibilidades de desenvolvimento pessoal e profissional.

Depois de identificar suas habilidades, organize-as em categorias. Essa organização ajudará você a visualizar o equilíbrio e a diversidade de suas habilidades, garantindo que você tenha um conjunto de habilidades completo.

Em seguida, meça a proficiência de cada habilidade usando uma escala de sua escolha (1-10, estrelas, porcentagem%, etc ...). Esta avaliação fornecerá uma compreensão mais clara de seus pontos fortes e áreas que requerem maior desenvolvimento.

Lembre-se de que suas habilidades são dinâmicas, portanto, cultivá-las é um processo contínuo. Ao avaliar e refinar regularmente seus ingredientes, você estará mais bem equipado para se adaptar e prosperar em qualquer situação.

Com uma base sólida de habilidades, é essencial equipar-se com os recursos certos para aplicar essas habilidades com eficiência.

Nas próximas seções, você explorará a importância de selecionar as ferramentas e estratégias adequadas que o capacitarão a maximizar seu potencial e criar uma receita para o sucesso.

6.5.2 OS UTENSÍLIOS DE COZINHA = SEUS RECURSOS

Assim como um chef precisa dos utensílios de cozinha certos para preparar uma refeição deliciosa, você precisa estar ciente dos recursos disponíveis para atingir seus objetivos e maximizar seu potencial.

Agora vamos nos concentrar em ajudá-lo a listar seus recursos, levando em consideração:

- Tempo e Dinheiro
- Informações e ferramentas
- Pessoas e Instituições

Ao identificar e organizar seus recursos, você pode garantir que está bem equipado para qualquer situação, como um chef na cozinha.

Tempo e Dinheiro

Quando se trata de tempo, considere como você aloca suas horas, minutos e até segundos a cada dia.

Reflita sobre o tempo que tem disponível para o crescimento pessoal e profissional, bem como o tempo que dedica ao relaxamento e ao lazer.

Lembre-se de que cada segundo conta e estar consciente de sua alocação de tempo pode ajudá-lo a aproveitá-lo ao máximo.

Em termos de dinheiro, avalie seus recursos financeiros, incluindo sua renda, poupança e investimentos. Assim como cada segundo conta, cada centavo também conta. Ao entender seus recursos financeiros, você pode tomar decisões inteligentes sobre como investir ou alocá-los na busca de seus objetivos.

Informações e Ferramentas

No mundo interconectado de hoje, existem inúmeras fontes de informação disponíveis para nós.

Comece identificando os principais canais on-line e off-line por meio dos quais você adquire conhecimento e percepções.

Reconhecer a variedade de fontes de informação à sua disposição permite que você entenda melhor os recursos que pode utilizar em sua busca por causar impacto.

Quanto às ferramentas, considere a variedade de ferramentas naturais, físicas e digitais às quais você tem acesso. As ferramentas naturais podem incluir seus talentos e habilidades inatas, como criatividade ou habilidades para resolver problemas.

As ferramentas físicas abrangem os itens tangíveis que você usa para concluir tarefas, como um computador ou um conjunto de ferramentas para um projeto específico.

As ferramentas digitais referem-se aos softwares e aplicativos que ajudam você a atingir metas, agilizar processos ou aumentar sua produtividade.

Pessoas e Instituições

Ao listar as pessoas e instituições em sua vida, reflita sobre os diferentes círculos da sociedade com os quais você se envolve.

Comece com seu círculo íntimo, como família e amigos que apóiam e influenciam seu crescimento pessoal.

Em seguida, considere seu círculo intermediário, que engloba colegas, conhecidos e as comunidades locais.

Por fim, leve em consideração seu círculo externo, que inclui instituições maiores, organizações e comunidades globais que podem afetar sua vida e ajudar a moldar sua perspectiva.

Identificar as pessoas e instituições dentro desses círculos permite que você entenda melhor os recursos e suporte disponíveis para você.

Esse conhecimento pode capacitá-lo a tomar decisões informadas e maximizar seu impacto à medida que busca o crescimento pessoal e contribui para o bem-estar dos outros.

Ao reconhecer e listar os recursos nessas três categorias, você está dando um passo crucial para entender o que tem disponível para maximizar seu potencial em termos de capital humano e rede.

Assim como um chef que conhece seus ingredientes e utensílios de cozinha, estar ciente de seus recursos permite que você otimize seu processo de cozimento.

6.5.3 O Prato = Seu Valor

Depois de ter a lista de seus ingredientes (habilidades) e utensílios de cozinha (recursos), você poderá entender os possíveis pratos que pode preparar.

A sua escolha também vai depender se vai cozinhar para si, para os outros ou se vai partilhar a receita. O objetivo é encontrar a melhor forma de criar o maior impacto e maximizar o seu potencial, de acordo com as suas competências e recursos.

Ao explorar seu valor, lembre-se de olhar além de suas habilidades profissionais e considerar o impacto mais amplo de suas habilidades. Reflita sobre como você pode usar suas habilidades e recursos para criar soluções para vários desafios, sejam eles relacionados ao seu crescimento pessoal, ao bem-estar dos outros ou à melhoria do meio ambiente e da sociedade como um todo.

Para te ajudar nessa reflexão, considere as seguintes questões, divididas em quatro categorias:
Geral, saúde, relacionamentos e finanças.

Lembre-se de que esses são apenas alguns exemplos e você pode solicitar mais perguntas instigantes em impactagon.com.

Geral

Se você pudesse dar um conselho ao seu eu mais jovem (5/10/20 anos atrás) que poderia ter mudado sua vida, qual seria?

Como sua adaptabilidade permitiu que você superasse os desafios com resiliência e que lições outras pessoas podem aprender com sua experiência?

Você consegue identificar uma habilidade ou recurso que foi crucial para o avanço de sua carreira e como outras pessoas podem alavancar habilidades ou recursos semelhantes para atingir seus próprios objetivos profissionais?

Qual é o hobby que enriqueceu sua vida e como outras pessoas podem se beneficiar ao explorar seus próprios interesses de maneira semelhante?

Como sua compreensão dos valores pessoais ou sociais mudou ao longo do tempo e quais percepções você pode compartilhar com outras pessoas para ajudá-las a reavaliar seus próprios valores e prioridades?

Saúde

Se você pudesse compartilhar um único conselho para manter o equilíbrio mental e emocional no mundo acelerado de hoje, qual seria?

Qual hábito ou prática mais ajudou você a manter sua saúde física e como outras pessoas podem adotá-lo para melhorar seu próprio bem-estar?

Você consegue identificar uma mudança mental ou emocional que o ajudou a superar um período de estresse, ansiedade ou depressão e como essa percepção pode beneficiar outras pessoas que enfrentam desafios semelhantes?

Qual é uma crença comum sobre saúde e bem-estar que você considera falsa ou enganosa e que abordagem alternativa você recomendaria?

Relacionamentos

Qual é a lição mais importante que você aprendeu sobre construir e manter relacionamentos fortes e saudáveis?

Você pode compartilhar uma experiência que lhe ensinou o valor da empatia, compreensão ou perdão em um relacionamento e como os outros podem aplicar essa lição em suas próprias vidas?

Qual é uma habilidade ou técnica de comunicação que melhorou muito seus relacionamentos pessoais ou profissionais e como ela pode ser usada por outras pessoas para melhorar suas conexões?

Como você navegou em um relacionamento difícil ou desafiador e que conselho você daria a alguém que enfrenta uma situação semelhante?

Existe um erro comum ou equívoco sobre relacionamentos que você acredita que mais pessoas deveriam estar cientes e como podem evitá-lo ou superá-lo?

Finança

Qual é um hábito ou mentalidade financeira que teve um impacto positivo significativo em sua vida e como outras pessoas podem adotá-lo para melhorar seu próprio bem-estar financeiro?

Você pode compartilhar um erro financeiro que cometeu e as lições que aprendeu com ele, para que outras pessoas possam evitar cometer o mesmo erro?

Qual é uma estratégia simples e prática para administrar as finanças pessoais que funcionou bem para você e poderia ser facilmente implementada por outras pessoas?

Como você navegou com sucesso em uma situação financeira desafiadora e que conselho você daria a alguém que enfrenta circunstâncias semelhantes?

Qual é um mito financeiro comum ou equívoco que, se desmascarado, pode levar a uma maior estabilidade financeira e sucesso para muitas pessoas?

Ao ponderar sobre seu impacto potencial, considere as diferentes áreas de sua vida em que suas habilidades e recursos podem ser usados.

A chave para realizar todo o seu potencial está em pensar de forma ampla e reconhecer que sua combinação única de habilidades e recursos pode criar valor em vários aspectos de sua vida.

Ao navegar por experiências pessoais e profissionais, esteja aberto à ideia de que suas habilidades podem ser aplicadas de diversas maneiras e que seu impacto pode se estender além do que você imaginou inicialmente. Ao refinar continuamente suas habilidades e compreender seu potencial, você pode maximizar seu impacto positivo em si mesmo, nos outros e no mundo ao seu redor.

Cultive uma mentalidade de curiosidade, resiliência e autoconsciência, pois essas qualidades permitirão que você identifique novas oportunidades, supere obstáculos e mantenha uma visão clara de sua proposta de valor única.

6.5.4 Servindo o prato: Comunicação

Depois de selecionar cuidadosamente seus ingredientes (habilidades), reunir seus utensílios de cozinha (recursos) e explorar uma lista de pratos possíveis (valor), você chegou ao estágio final do processo de cozimento: decidir qual prato preparar e como apresentá-lo.

Esta etapa é crucial porque é o ponto em que seus esforços se concretizam e seu valor é compartilhado interna ou externamente. Nesta fase, deve escolher entre servir o seu prato ou partilhar a sua receita.

Ambas as opções são maneiras de comunicar efetivamente seu valor para si mesmo, para os outros e para a comunidade em geral, cada uma com suas vantagens exclusivas para maximizar o impacto para você e para a sociedade. A principal diferença entre os dois está no imediatismo e no alcance do impacto que eles criam.

A analogia "Dê um peixe a um homem e você o alimentará por um dia. Ensine um homem a pescar e você o alimentará por toda a vida" capta a essência dessa escolha.

Servir seu prato é oferecer os resultados diretos de suas habilidades e recursos para atender a necessidades ou problemas imediatos. Essa abordagem geralmente resulta em resultados mais tangíveis e pessoais, pois geralmente envolve ajudar indivíduos, seja você mesmo, amigos, familiares ou colegas. No entanto, o impacto de servir seu prato pode ser mais curto e limitado , pois depende de seus esforços e presença contínuos.

Compartilhar sua receita, por outro lado, significa capacitar outras pessoas com o conhecimento e as habilidades que você possui. Essa abordagem pode levar a um impacto mais escalável e duradouro, pois permite que outras pessoas se beneficiem de seus conhecimentos ou experiências exclusivos e os apliquem em suas próprias vidas. Ao compartilhar sua receita, você contribui para o crescimento e desenvolvimento de um público mais amplo, promovendo um efeito que pode ir muito além do seu círculo imediato.

Compreender o seu público é um aspecto crítico para comunicar o seu valor de forma eficaz, quer opte por servir o seu prato ou partilhar a sua receita. Saber quem é seu público e quais são suas necessidades permitirá que você personalize sua mensagem, garantindo que ela ressoe com eles e tenha o impacto pretendido.

Adaptar a sua mensagem ao seu público é como adaptar o seu prato ao de quem está a servir, tendo em conta as suas alergias ou preferências por determinados ingredientes. Ao adaptar sua abordagem às preferências e requisitos de seu público, você pode maximizar o alcance e a eficácia de sua comunicação, aumentando seu potencial para criar mudanças significativas.

Ao comunicar seu valor, seja servindo seu prato

ou compartilhando sua receita, lembre-se de que dominar a arte de contar histórias ou a habilidade de vender gelo para esquimós envolve entender as necessidades de seu interlocutor e estabelecer um vínculo que alinhe sua mensagem com seu sistema de crenças.

Para alcançar esse alinhamento e o resultado desejado, é importante se adaptar e se conectar na mesma frequência do seu interlocutor. A qualidade da sua comunicação depende de três componentes principais:

1. Valor: Fornecer valor ao seu público é crucial em qualquer comunicação. Quando sua mensagem aborda as necessidades, interesses ou preocupações de seu interlocutor, é mais provável que eles se envolvam com ela e achem significativa. Ao criar valor, você demonstra que entende e tem empatia com seu público.

2. Confiança: Confiança e credibilidade são vitais para estabelecer uma forte conexão com seu público. Se seus interlocutores acreditarem que você é confiável, conhecedor e honesto, eles serão mais receptivos à sua mensagem. A confiança costuma ser construída com o tempo e pode ser fortalecida por meio de uma comunicação consistente e transparente.

3. Simpatia: A simpatia desempenha um papel significativo na comunicação, pois as pessoas tendem a ouvir e se envolver com aqueles que consideram atraentes ou relacionáveis. Construir rapport e promover relacionamentos positivos pode tornar sua mensagem mais persuasiva e memorável. A simpatia pode ser aprimorada através da demonstração de empatia, escuta ativa e manutenção de uma relação respeitosa e amigável.

Considerar esses componentes em sua comunicação pode ajudar a criar uma conexão mais poderosa com seu público, tornando sua mensagem mais eficaz e ressonante.

Quer esteja a comunicar através da linguagem corporal, meios físicos (ex. livros) ou ferramentas digitais (ex. multimédia), é essencial estar ciente de que o seu interlocutor irá processar a sua mensagem através dos seus 5 sentidos, sendo alguns deles mais relevantes em diferentes situações .

Nos casos em que você se comunica por meio de ferramentas físicas ou digitais, é importante levar em consideração estes 7 elementos:

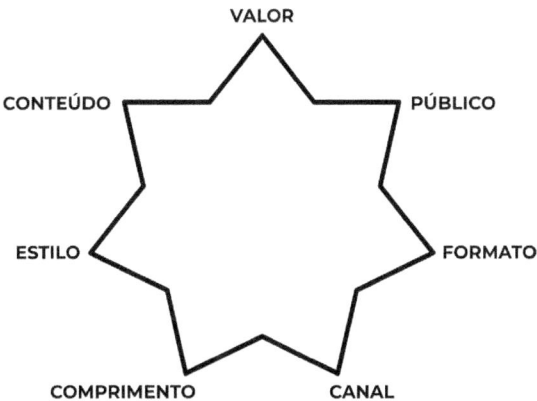

1. Valor

Comunique claramente o valor e os benefícios que sua mensagem oferece ao seu público-alvo. Certifique-se de que sua mensagem atenda às necessidades, preferências e interesses específicos, destacando os aspectos exclusivos que tornam seu conteúdo valioso e relevante para eles.

2. Público

Identifique seu público-alvo e entenda suas expectativas, interesses e requisitos. Adapte sua mensagem para ressoar com esse grupo, levando em consideração fatores como cultura, mentalidade, dados demográficos e preferências específicas.

3. Formato

Escolha o formato adequado para transmitir sua mensagem, garantindo que ela esteja alinhada com as preferências e expectativas de seu público. Considere se texto, áudio, vídeo, imagens ou uma combinação desses meios seria mais eficaz para transmitir sua mensagem e envolver seu público-alvo.

4. Canal

Selecione os canais online ou offline mais adequados para atingir seu público-alvo. Pesquise as plataformas e canais de comunicação que seu público frequenta e comunique estrategicamente seu conteúdo onde é mais provável que seja visto e compartilhado por seu público-alvo.

5. Comprimento

Personalize a duração da sua mensagem de acordo com o formato e o canal que você usa. Adapte seu conteúdo para atender aos requisitos e restrições de cada plataforma, garantindo que sua mensagem permaneça clara, concisa e impactante.

6. Estilo

Adote um estilo, tom, design e cores adequados que reflitam a natureza de sua mensagem e ressoem com seu público. Certifique-se de que seus elementos visuais e linguísticos sejam consistentes e coesos, criando uma experiência unificada e envolvente para seu grupo-alvo.

7. Conteúdo

Crie sua mensagem usando a linguagem, o idioma e a estrutura corretos que falem com seu público e comuniquem seu valor com eficácia. Concentre-se em uma comunicação clara, atraente e persuasiva que capte a atenção do seu público e os motive a se envolver com seu conteúdo ou realizar a ação desejada.

EXERCÍCIO 6
Crie o seu "Curriculum Valorum"

Um CV (currículo) significa Curriculum Vitae, que em latim significa "curso de vida".

Neste exercício, convidamos você a criar um currículo diferente: o seu "Curriculum Valorum", que significa "curso de valor".

Em vez de escrever suas experiências profissionais e títulos para cada ocupação em uma base cronológica, reimagine suas experiências de vida profissional extraindo o valor de cada uma.

Pense neste processo como preparar uma refeição com uma combinação única de ingredientes e ferramentas. Suas experiências de vida são os ingredientes e os valores que você ganhou deles são os pratos que você criou.

Processo de criação do "Curriculum Valorum":

1. Reúna seus ingredientes:

Reflita sobre seus valores pessoais, pontos fortes e características únicas.

2. Escolha seus utensílios de cozinha:

Identifique recursos, ativos e experiências pessoais que moldaram quem você é hoje.

3. Selecione seus pratos:

Escolha suas experiências, projetos ou momentos de crescimento pessoal mais valiosos que mostram seu valor.

4. Prepare o prato:

Transforme suas experiências selecionadas em histórias baseadas em valor.

5. Apresentação:

Combine todos os elementos (ingredientes, utensílios, pratos) de forma criativa e visualmente apelativa que realce os seus valores.

CURRÍCULO VALORUM (EXEMPLO)
Título: "A Festa da Vida Saudável do Gilberto"

Ingredientes:

- Compaixão
- Resiliência
- Adaptabilidade
- Autodisciplina
- Mentalidade de crescimento

Ferramentas de cozinha:

- **Rede de apoio:** Família e amigos
- **Hobbies:** Ioga, pintura, culinária
- **Mentores:** professores, treinadores, modelos
- **Crescimento pessoal:** livros, workshops, terapia

CURRICULUM VALORUM (amostra de texto)

O Banquete da Vida Saudável do Gilberto

O prato de cura do coração

Tempo: 2019 - Presente
Espaço: Comunidade Local

Superando um divórcio e aprendendo o amor próprio usando Compaixão, Resiliência e Autodisciplina com a ajuda de uma rede de apoio, desenvolvimento pessoal e Yoga.

O transformador saudável
Tempo: 2016 - presente
Espaço: Pessoal

Perder peso e melhorar a saúde geral por meio de exercícios consistentes, alimentação consciente e uma mentalidade positiva, levando ao aumento dos níveis de energia e autoconfiança.

O prato de crescimento financeiro
Tempo: 2013 - presente
Espaço: Profissional

Construindo um negócio de sucesso desde o início através da Inovação, Dedicação e Colaboração, resultando em independência financeira e geração de empregos.

O prato de impacto na comunidade
Tempo: 2015 - presente
Espaço: comunidade local e global

Voluntariado e promotor de causas sociais, resultando em um impacto positivo em comunidades marginalizadas, fornecendo acesso à educação, saúde e necessidades básicas.

CURRICULUM VALORUM (amostra visual)

The Healing Heart Platter

Time: 2019 - Present

Space: Local Community

Overcoming a divorce and learning self-love using Compassion, Resilience, and Self-discipline with the help of a Supportive network, Personal development, and Yoga.

The Healthful Transformation

Time: 2016 - Present

Space: Personal

Losing weight and improving overall health through Consistent exercise, Mindful eating, and a Positive mindset, leading to increased energy levels and self-confidence.

The Financial Growth Platter

Time: 2013 - Present

Space: Professional

Building a successful business from the ground up through Innovation, Dedication, and Collaboration, resulting in financial independence and job creation.

The Community Impact Platter

Time: 2015 - Present

Space: Local & Global Community

Volunteering and promoting social causes, resulting in a positive impact on marginalized communities by providing access to education, healthcare, and basic needs.

Compartilhe seu currículo valorum com nossa comunidade enviando-o em impactagon.com

CAPÍTULO 7

SUCESSO, A ESCADA PARA O IMPACTO

O significado de sucesso é relativo a cada indivíduo, mas para estarmos alinhados como uma comunidade, criamos uma estrutura para ajudá-lo a definir, projetar e desenvolver seu sucesso.

7.1 DEFININDO O SUCESSO

- 7.1.1 Sucesso Interno
- 7.1.2 Sucesso Externo
- 7.1.3 Sucesso Eterno

7.2 PROJETANDO O SUCESSO

- 7.2.1 O que fazer (Objetivo)
- 7.2.2 Quando fazer (Prazo)
- 7.2.3 Como fazer (Planejar)

7.3 DESENVOLVENDO O SUCESSO

- 7.3.1 Agir – Impactar – Reagir
- 7.3.2 Escalar com os 5Cs
- 7.3.3 Perpetuar o seu Sucesso

7.1 DEFININDO O SUCESSO

O sucesso é um estado de espírito que você experimenta ou um nível de realização que você realiza durante ou após a finalização de um processo.

Assim como o pináculo da montanha é apenas a base da próxima montanha, o sucesso é um conceito dinâmico que está em constante evolução e inclui 3 dimensões complementares:

- Sucesso Interno

- Sucesso Externo

- Sucesso Eterno.

Enquanto você trabalha para alcançar o sucesso, é importante entender os diferentes aspectos que compõem a ideia de sucesso. Ao obter uma ideia mais clara, você pode criar um caminho mais significativo e satisfatório em direção aos seus objetivos.

Nesta seção, examinaremos mais de perto cada um desses aspectos, ajudando você a entender melhor o que significa sucesso para que possa projetar e desenvolver seu sucesso.

7.1.1 Sucesso Interno

Seu sucesso começa dentro de você. O sucesso interno ou a consciência do sucesso é um estado de espírito em que você manifesta consciência, equilíbrio, prontidão e otimismo, independentemente das circunstâncias em que se encontra.

É um estado de espírito onde você aplica todos os princípios compartilhados nos capítulos anteriores para ligar os pontos entre a gratidão, a razão de sua existência, o propósito de sua vida, destino, sua identidade, seus recursos, valores, paixão e experiência em para liberar o poder da sua imaginação e criar uma ponte entre você e o progresso.

A sua imaginação é um dom poderoso que lhe dá a oportunidade de idealizar, sabendo que "uma ideia é uma nova combinação de elementos antigos e a sua capacidade de trazer elementos antigos para novas combinações depende da sua capacidade de ver relações".

O sucesso interno é um estado embutido que você pode experimentar a qualquer momento. O segredo é que você não precisa procurar; tudo o que você precisa fazer é encontrar e remover todas as barreiras que construiu contra ele.

Entre as barreiras mais comuns estão a falta de autoconsciência, crenças limitantes e o medo do fracasso.

Depois de experimentar o sucesso interno, seu estado de espírito estará em uma posição favorável para querer agir e sua visão altruísta o estimulará a querer concretizar sua visão em realidade, que é o início de sua jornada para o sucesso externo.

7.1.2 Sucesso Externo

O sucesso externo tende a ser correlacionado com dinheiro, fama, status e poder. Embora esses aspectos sejam frequentemente associados ao sucesso, você deve se perguntar: e aqueles que desistem de seu emprego para sustentar um pai doente, o amigo que é um bom ouvinte ou o crente que é devotado ao Divino? Essas ações também representam diferentes facetas do sucesso.

Considerando que o sucesso externo é relativo a cada indivíduo e contexto, seu foco no sucesso externo deve estar no processo e não na pessoa.

O sucesso externo diz respeito ao impacto que você cria de acordo com os recursos que possui, além de outros fatores como tempo, local, forma, contexto e situação.

Para entender melhor essa ideia, pense em como suas ações, influenciadas por sua situação, contexto e recursos determinam o nível de sucesso externo que você alcança.

Ao examinar o equilíbrio entre seus recursos e o impacto que você cria para si mesmo, para a sociedade e para o meio ambiente, e considerando os desafios que enfrenta, você pode obter uma compreensão mais abrangente do que o sucesso externo realmente significa.

É essencial reconhecer que alguém que causa um impacto significativo com recursos limitados ou enfrenta dificuldades emocionais pode ter um nível mais alto de sucesso externo do que alguém com recursos abundantes que contribui menos ou é emocionalmente estável. Portanto, o sucesso externo é relativo aos esforços e progressos feitos com base em seus recursos e situação.

A maneira como você tem sucesso em qualquer coisa é a maneira como você tem sucesso em tudo. Ao aplicar o sucesso como hábito no processo que vai do pensamento ao impacto, você integrará gradativamente a cultura do sucesso à sua identidade e otimizará o mapeamento com seus recursos e objetivos.

O sucesso externo vem com prioridades, começando por você mesmo, os círculos da sociedade e o meio ambiente. Uma vez atendidas suas necessidades básicas, seu sucesso externo será medido com base na qualidade, quantidade, urgência, proximidade e duração em ajudar a si mesmo, alguém ou algo na transição de ruim para bom ou de bom para melhor, o que define o nível de seu externo sucesso.

É crucial manter um equilíbrio entre o seu sucesso interno e externo, considerando o sucesso interno como a raiz do seu sucesso e o sucesso externo como os frutos do seu sucesso. Ao buscar o sucesso externo, é essencial considerar não apenas o impacto imediato de suas ações, mas também as consequências de longo prazo e o legado que você deixa para trás. Ao se concentrar em criar uma influência positiva duradoura, você pode garantir que seu sucesso externo transcenda além do presente e se estenda para o futuro.

7.1.3 Sucesso Eterno

Se você fosse deixar este mundo amanhã, o que faria hoje para deixar uma marca que sobreviveria a você?

Esta pergunta instigante coloca em perspectiva a essência do Sucesso Eterno.

O Sucesso Eterno é deixar um legado que transcende o tempo e o espaço, moldando o futuro mesmo depois que sua presença física deixar de existir.

É o impacto e o legado que você deixa para trás que resiste ao teste do tempo, influenciando as gerações futuras e fazendo uma diferença duradoura no mundo.

Para alcançar o Sucesso Eterno, você deve considerar não apenas os efeitos imediatos de suas ações, mas também suas implicações a longo prazo.

Uma maneira de criar um impacto duradouro é contribuir para algo maior do que você mesmo, onde você cria um legado que inspira e motiva os outros muito tempo depois de sua partida.

Outra maneira de alcançar o Sucesso Eterno é nutrir as pessoas ao seu redor, promover o crescimento pessoal e profissional e incutir valores que estimulem as gerações futuras a continuar seu legado de impacto positivo.

No capítulo 2, discutimos a importância de iluminar sua alma por meio da espiritualidade, atos altruístas e impacto sustentável. Essas ações são uma base crucial para a criação de um legado duradouro que resiste ao teste do tempo.

Ao buscar o equilíbrio entre o sucesso interno e externo e ao maximizar o impacto para você, para a sociedade e para o meio ambiente, você pode convergir para o Sucesso Eterno.

Em última análise, alcançar o Sucesso Eterno é capacitar outras pessoas para continuar sua missão e continuar seu legado. Ao focar no bem maior e criar mudanças positivas que beneficiem os outros, você pode deixar uma marca que sobreviverá a você.

> **"Se você der um peixe a um homem, você o alimentará por um dia.**
> **Se você ensina um homem a pescar, você o alimenta por toda a vida".**
> - Lao Tzu

Para perpetuar o sucesso, é essencial ter um plano e uma estratégia claros. Projetar o sucesso requer um equilíbrio entre o sucesso interno e externo e um roteiro que se alinhe com seus valores, aspirações e impacto.

Ao adotar uma abordagem estratégica para o sucesso e encontrar maneiras de aumentar a duração do seu impacto, você estará mais bem equipado para navegar pelos desafios e oportunidades para deixar um legado.

7.2 PROJETANDO O SUCESSO

Mencionamos anteriormente que o sucesso pode ser um estado de espírito que você experimenta ou um nível de conquista que realiza durante ou após a finalização de um processo, o que representa a gratificação que você experimenta quando atinge um estado de espírito ou uma meta.

Para projetar seu sucesso, você precisa definir as metas certas, determinar um prazo para cada meta e preparar um plano para alcançá-las. Em outras palavras, é saber o que fazer, quando fazer e como fazer.

Esta seção irá guiá-lo pelas etapas essenciais para criar sua própria história de sucesso, garantindo que você crie um roteiro alinhado com seus valores, aspirações e o impacto que deseja ter no mundo.

Com um plano bem elaborado, você estará mais bem preparado para superar os desafios e explorar as oportunidades que surgirem enquanto trabalha para atingir seu potencial e maximizar seu impacto.

Vamos agora guiá-lo através dos 3 passos:

- **O que fazer (objetivo)**

- **quando fazer (prazo)**

- **como fazer (Plano)**

7.2.1 O que fazer (objetivo)

Antes de nos aprofundarmos no procedimento de como definir metas, vamos primeiro explorar juntos o que é uma meta.

Uma meta é uma projeção de um resultado ou realidade que você pretende vivenciar em um momento pré-definido no futuro.

Um objetivo pode ser um meio para um fim ou um fim em si mesmo. Por exemplo, os marcos são meios para alcançar uma meta, enquanto uma meta é um meio para alcançar uma visão. É importante entender a natureza de uma meta, dependendo de seu contexto.

Não é incomum que os indivíduos definam erroneamente metas que não são realmente metas. Por exemplo, se o objetivo de alguém é comer de forma saudável, esse é um objetivo orientado para o hábito e orientado para a escolha. Se você aplicar a abordagem mencionada no Capítulo 2 em relação à adoção de um estilo de vida saudável, alimentar-se de forma saudável é um hábito e não uma meta.

Se o objetivo de alguém é ser feliz, este é um objetivo orientado para o sentimento que não requer ser definido como um objetivo. Um objetivo é uma realidade que você pretende alcançar no futuro, enquanto a felicidade é uma emoção inata que pode ser experimentada no presente.

Para experimentar a felicidade, você só precisa

encontrar e remover as barreiras que colocou contra ela. Quando você está em um estado de paixão, ele encapsula uma combinação de emoções positivas, incluindo a felicidade, tornando a felicidade uma consequência que pode ser alcançado por outros meios.

Se o objetivo de alguém é ganhar dinheiro ou uma certa quantia de dinheiro, este é um meio para atingir um objetivo diferente, que pode ser comprar uma casa, criar uma empresa ou doar para caridade.

Para permanecer dentro do escopo de nosso propósito, que é maximizar o impacto para você, para a sociedade e para o meio ambiente, tente especificar seus objetivos como objetivos finais em vez de meios para atingir um objetivo final. Ao ser claro sobre a natureza de seus objetivos, você pode evitar equívocos e se concentrar em estabelecer metas que se alinhem com seus valores, aspirações e visão.

Compreender o contexto de cada tipo de meta permite definir objetivos apropriados que se alinham com as dimensões do sucesso. Essa consciência contextual permite que você crie uma abordagem completa para o estabelecimento de metas, garantindo que suas metas sejam equilibradas e adequadas a vários aspectos de sua vida.

Seus objetivos determinam a direção de sua vida, eles são o resultado de sua visão, enquanto sua visão é o resultado de seus pensamentos que se originam de sua imaginação, memória ou influência externa.

A cada segundo, centenas de pensamentos passam pela sua cabeça, sabendo que o cérebro só pode se concentrar em uma coisa de cada vez, então sua capacidade de inspirar da fonte certa e focar no pensamento certo é determinada pela qualidade do seu processo de tomada de decisão.

No capítulo 2, mencionamos que a alma influencia o centro de decisão , onde toda decisão é resultado do processo de comunicação das diferentes entidades de sua identidade. Portanto, a conexão e a arquitetura entre seu corpo, mente, coração, alma e "VOCÊ" desempenham um papel essencial na qualidade do seu estabelecimento de metas.

Além disso, acabamos de mencionar a importância de condicionar sua mente a um estado de consciência de sucesso para liberar o poder de sua imaginação.

A imaginação desempenha um papel fundamental na definição de metas, pois permite que você visualize o futuro que deseja, explore várias possibilidades e estabeleça metas alinhadas com seus valores e aspirações.

Cultivar uma mentalidade que alimente sua imaginação é vital para liberar todo o seu potencial e criar uma vida de sucesso e impacto.

A imaginação é o catalisador que desencadeia o processo de definição de metas significativas e impactantes. Ele permite que você sonhe grande e se liberte das restrições de sua realidade atual.

Isso é crucial ao definir metas que podem transformar sua vida e o mundo ao seu redor.

Na definição de metas, sua imaginação serve como uma ponte entre seu estado atual e o futuro que deseja criar. Ao envolver sua imaginação, você pode explorar uma infinidade de resultados potenciais e, a partir dessas possibilidades, identificar aqueles que mais ressoam com seus desejos.

Isso permite que você defina metas que não são apenas desafiadoras, mas também orientadas por um propósito e alinhadas com sua visão para maximizar seu impacto.

Para aproveitar efetivamente o poder da imaginação, é essencial cultivar uma mentalidade que estimule a criatividade, a curiosidade e a mente aberta. Ao fazer isso, você estará mais bem equipado para imaginar soluções inovadoras para problemas, assumir riscos e definir metas que ultrapassem os limites do que você pensava ser impossível.

O processo de definição de metas é crucial para alcançar o sucesso e incorpora as ideias apresentadas nos capítulos 1, 2 e 3.

Visualize sua mente como um jardim cheio de sementes, cada uma representando um pensamento com potencial para se transformar em algo maior. O processo de filtrar os pensamentos permite selecionar cuidadosamente as sementes mais promissoras para plantar, cultivando-as e nutrindo-as com cuidado e intenção.

Para promover o crescimento dessas sementes, seu processo interno de sucesso depende do solo fértil de seu sistema de crenças, da água nutritiva de sua imaginação e do sol radiante de sua paixão.

Juntos, esses elementos permitem que as sementes cuidadosamente escolhidas floresçam, estabelecendo uma base sólida para alcançar o sucesso e causar um impacto significativo em sua vida e no mundo ao seu redor.

À medida que essas sementes se desenvolvem, elas se transformam de pensamentos em ideias, conceitos e visões, finalmente florescendo e se tornando objetivos que dependem de seus recursos.

Alguns indivíduos sentem que seus recursos limitam seus objetivos, enquanto outros acreditam que seus objetivos os ajudarão a se manifestar e atrair os recursos necessários para alcançá-los.

A abordagem que você escolher é uma decisão pessoal, mas é essencial aproveitar o poder da sua imaginação, já que o cérebro não consegue distinguir entre imaginação e realidade. Ao fortalecer e controlar sua imaginação, você condiciona sua mente e seu corpo a acreditar que sua visão pode se tornar realidade.

A clareza da sua visão desempenha um papel crucial na definição eficaz de metas . Uma visão clara é a base para estabelecer metas significativas e alcançáveis. Quando sua visão está bem definida, ela permite que você alinhe seus objetivos com seus valores e aspirações, garantindo que seus esforços sejam direcionados para os resultados mais significativos.

A clareza da sua visão, aliada aos seus recursos, influenciam a forma como você define suas metas de curto prazo, médio prazo, longo prazo e paralelos.

Ao cultivar uma imagem mental vívida e detalhada do seu futuro desejado, você se capacita para criar um roteiro que transforma seus desejos em realidades tangíveis.

Além disso, uma visão clara ajuda você a priorizar suas metas e alocar recursos de forma eficaz. Ele permite que você identifique as metas mais críticas nas quais focar, o que, por sua vez, ajuda você a tomar melhores decisões e desenvolver estratégias que apoiem seus objetivos.

Depois de definir uma meta e antecipar os recursos necessários para alcançá-la, comece dividindo esses recursos e identificando quaisquer obstáculos que você acha que podem surgir enquanto trabalha para preencher a lacuna entre os recursos que você tem e os que você precisa, em termos de tempo, experiência, dinheiro, pessoas, informações e ferramentas.

Os obstáculos gerais associados a cada recurso representarão algumas das barreiras que você pode encontrar durante a jornada de seu objetivo.

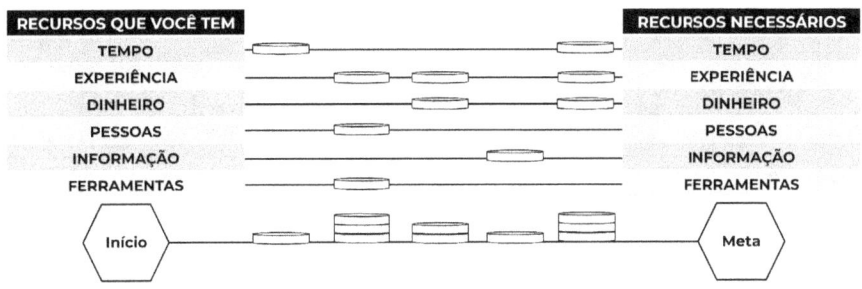

Aplique a mesma abordagem para cada um de seus objetivos nos diferentes segmentos. Isso inclui os objetivos para você mesmo (corpo, mente, coração e alma), sociedade (círculo interno, círculo meio, círculo externo) e meio ambiente (água, ar, solo, animais, plantas). Esta matriz serve como uma tabela ilustrativa para mostrar como listar seus objetivos de forma eficaz.

	TIPO	METAS	RECURSOS					
			Tempo	Dinheiro	Experiência	Pessoas	Informações	Ferramentas
VOCÊ MESMO	Corpo	Objetivo 1						
		Marco 1						
		Marco 2						
		Marco 3						
		meta 2						
		Meta 3						
	Mente e Coração	meta 4						
		meta 5						
	Alma	Meta 6						
SOCIEDADE	Interno							
	Meio							
	Exterior							
MEIO AMBIENTE	Água							
	Ar							
	Terra							
	plantas							
	animais							

Lembre-se de que não é necessário criar uma meta para cada segmento; você pode ter um ou dois objetivos que podem ter um impacto transversal em você, na sociedade e no meio ambiente.

Ao considerar os recursos e obstáculos associados a cada objetivo, você estabelece uma compreensão clara dos desafios que pode enfrentar e pode se preparar melhor para superá-los.

7.2.2 Quando fazer (Prazo)

Listar e priorizar metas é uma etapa crucial no processo de definição de metas.

Depois de ter sua lista de metas, priorize-as de acordo com as variáveis de sua escolha.

Para este exemplo, usaremos Recursos e Impacto como fatores decisivos.

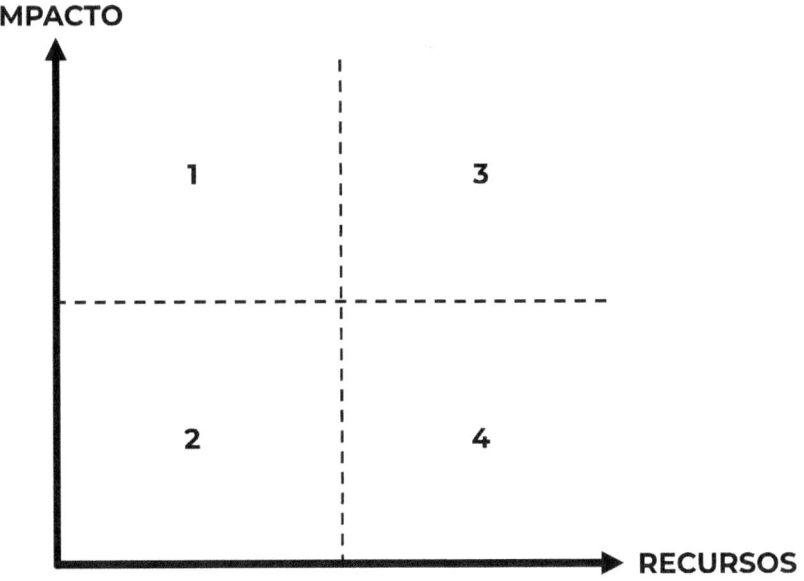

1. Poucos recursos, grande impacto
Concentre-se em metas que exigem recursos mínimos, mas produzem resultados significativos. Priorize esses objetivos primeiro, pois eles fornecem mais valor com menos esforços.

2. Poucos Recursos, Menor Impacto
Em seguida, trate de metas que exigem recursos mínimos, mas oferecem um impacto menor. Essas metas ainda valem a pena, mas podem não fornecer tanto valor quanto aquelas de maior impacto.

3. Muitos recursos, grande impacto

Depois de abordar as metas que exigem menos recursos, passe para aquelas que exigem recursos substanciais, mas oferecem um impacto significativo. Esses objetivos podem ser mais difíceis de alcançar, mas podem trazer mudanças consideráveis.

4. Muitos recursos, impacto menor

Por fim, concentre-se em metas que exigem recursos substanciais, mas produzem um impacto menor. Essas metas ainda podem ser importantes, mas devem ser priorizadas por último devido ao seu menor impacto.

Agora que você listou e priorizou suas metas e entendeu o que precisa fazer, é hora de determinar quando fazê-las.

Isso requer uma abordagem adequada de gerenciamento de tempo para garantir que você mantenha o equilíbrio entre a quantidade e a qualidade da implementação de suas metas.

A maneira como você administra seu tempo é a maneira como você administra sua vida. Conforme mencionado no capítulo 4, a história de sua vida está no traço "-" entre o momento em que você nasceu e seu último suspiro:

$$[\_ \_ \_ \_] - [\_ \_ \_ \_]$$

O tempo desempenha um papel fundamental na definição de metas . A gestão do tempo e a programação adequada garantem que os seus objetivos estejam alinhados com as várias fases da sua vida, maximizando o seu potencial e permitindo-lhe vivenciar todo o espectro do sucesso pessoal e profissional.

Ao definir e projetar seu sucesso, é crucial estabelecer prazos para cada uma de suas metas, sejam elas de curto, médio ou longo prazo.

Os cronogramas servem como andaimes para sua jornada rumo ao sucesso, fornecendo estrutura e marcos que o ajudam a monitorar o progresso, manter a motivação e celebrar as conquistas.

A alocação efetiva de tempo para seus objetivos requer uma compreensão completa de suas prioridades, recursos e limitações. Ao reconhecer o investimento de tempo necessário para cada objetivo, você pode criar um roteiro realista para o sucesso, equilibrando as demandas de seus objetivos com as demandas de sua vida diária.

É essencial considerar fatores como disponibilidade de recursos, possíveis obstáculos e compromissos pessoais ao alocar tempo para seus objetivos.

Um aspecto crucial do gerenciamento do tempo é a capacidade de adaptar e modificar seus planos à medida que as circunstâncias mudam. A vida é dinâmica e, à medida que você cresce e evolui, seus objetivos e prazos podem precisar ser ajustados para se alinhar melhor à sua realidade atual.

Abrace flexibilidade e resiliência em sua abordagem, permitindo alterações e refinamentos em seus cronogramas para acomodar novas oportunidades e desafios que possam surgir.

Se você prefere usar uma agenda física ou digital para gerenciar seu tempo e metas, o aspecto essencial é manter um sistema claro e organizado que o mantenha no caminho certo e responsável.

7.2.3 Como fazer (Planejar)

Imagine receber um plano de condicionamento físico e nutrição feito sob medida, detalhando exatamente o que fazer, quando fazer e como fazer.

No entanto, apesar de ter o plano perfeito, muitas pessoas ainda não conseguem atingir seus objetivos devido a bloqueios mentais, preguiça, falta de disciplina ou falta de vontade de sair de sua zona de conforto.

Com inúmeras ferramentas e estratégias de planejamento, é fácil se perder na busca pelo plano perfeito. No entanto, ter o plano perfeito não é suficiente para garantir o sucesso. Uma meta sem um plano é apenas um desejo e um plano sem garra tem um impacto limitado.

Para transformar seus objetivos em realidade, você deve cultivar a força mental e física necessária para superar os desafios, identificando e removendo as barreiras em seu caminho.

À medida que você se aprofunda na causa raiz do fracasso, descobre que não é a ausência de um plano para o sucesso, mas sim a falta de um plano contra o fracasso.

Ao mudar seu foco para enfatizar a importância de um plano para evitar falhas, você aprenderá como remover os obstáculos do seu caminho, garantindo que nada possa impedi-lo de alcançar seus objetivos.

Com um plano sólido contra o fracasso, você poderá dar o seu melhor em cada etapa da jornada.

Mesmo que você não alcance seu objetivo, o pior que pode acontecer é você ganhar menos ou aprender mais.

Tenha sempre em mente que o objetivo real não é necessariamente chegar ao destino, mas se destacar em cada parte da jornada que leva até ele.

Abrace a dor da disciplina para evitar a dor do arrependimento e, ao fazê-lo, você viverá uma vida livre de arrependimentos que anda de mãos dadas com o seu sucesso interno.

7.3 DESENVOLVENDO O SUCESSO

Definida a sua visão de sucesso e traçado um plano estratégico para atingir os seus objetivos, chegou o momento de concretizar as suas aspirações.

Agora vamos nos concentrar nas etapas essenciais para desenvolver seu sucesso, começando com a execução eficaz de seu plano, escalando sua influência e garantindo um impacto positivo e duradouro.

Ao tomar ações consistentes, expandir seu alcance e construir um legado, você estará mais perto de alcançar o sucesso que imaginou para si mesmo.

Para executar o seu plano de forma eficaz, é crucial adotar uma mentalidade proativa que lhe permita adaptar-se e responder a quaisquer desafios que possam surgir. Isso envolve aprimorar suas habilidades de tomada de decisão, promover a resiliência e manter uma mentalidade de crescimento enquanto você trabalha em direção a seus objetivos.

Escalar sua influência requer networking estratégico, fortalecer relacionamentos e posicionar-se como um líder de pensamento em seu domínio. Ao fazer isso, você criará novas oportunidades, ampliará seu alcance e impulsionará ainda mais seu sucesso.

Por fim, garantir um impacto positivo e duradouro significa alinhar suas conquistas com seus valores fundamentais e construir um legado que reflita sua verdadeira visão de sucesso.

7.3.1 Agir - Impactar - Reagir

Depois de definir suas metas, estabelecer um cronograma preciso e elaborar um plano abrangente, é hora de agir . Essa ação gera um impacto, que o impulsiona a alcançar o objetivo desejado.

No entanto, muitas pessoas cometem o erro de parar no ponto de impacto e assumir que seu trabalho está completo. Para otimizar suas conquistas e garantir o sucesso a longo prazo, é essencial simplificar seu impacto agindo mesmo após o impacto. Chamamos esse ciclo de loop infinito de ação-impacto-reação.

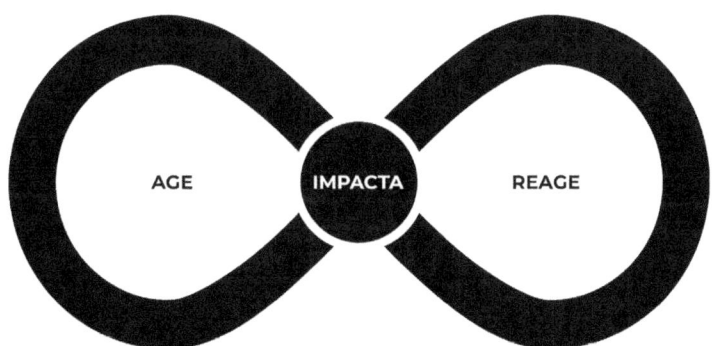

Agir é fundamental para criar um impacto inicial que o aproxime de seu objetivo.

O estágio de impacto representa o resultado de sua ação, que pode ser medido de diferentes maneiras dependendo de seus objetivos.

O terceiro estágio é o estágio de reação , que envolve a análise do impacto de suas ações e os ajustes necessários. Esta etapa é crucial para garantir o progresso e a melhoria contínua.

Ao medir e analisar os resultados, você obtém uma melhor compreensão do que está funcionando e do que não está. Esse conhecimento pode ser usado para refinar seus objetivos, ajustar suas ações e garantir que você continue avançando em direção aos resultados desejados.

Uma maneira útil de medir o impacto são os indicadores-chave de desempenho (KPIs). Os KPIs são métricas usadas para rastrear o progresso em direção a metas específicas. Por exemplo, se seu objetivo é melhorar seus níveis de condicionamento físico, você pode acompanhar seus KPIs medindo sua frequência cardíaca, distância percorrida ou o número de passos dados por dia. Os KPIs são uma maneira eficaz de medir o progresso, identificar áreas que precisam ser melhoradas e mantê-lo motivado.

Ao usar KPIs e outras métricas, você pode medir o impacto de suas ações, refinar suas metas e adaptar e aprimorar continuamente sua abordagem.

Este processo contínuo garante uma progressão constante para níveis mais elevados de sucesso, graças ao processo contínuo de ajuste de metas.

Ao adotar esse processo adaptativo e integrá-lo como um hábito, você dominará o equilíbrio entre a definição de metas e a ação, o que acaba maximizando seu impacto.

Ao fazer isso, seus objetivos se tornam mais do que apenas um fim em si mesmos; eles servem como um meio para você se destacar no processo e alcançar um sucesso duradouro.

7.3.2 Escalar com os 5C

Depois de dominar o processo de ação , é hora de alavancar suas habilidades para expandir e compartilhar sua influência com uma comunidade mais ampla. Ao fazer isso, você pode se tornar uma fonte de inspiração para outras pessoas, criando um efeito dominó que espalha sucesso e positividade.

Quando se trata de sucesso, as pessoas estão sempre abertas para aprender sobre novas estratégias e abordagens. No mundo de hoje, a tecnologia fornece uma plataforma poderosa para alcançar e impactar um público global. Para maximizar seu impacto, é crucial usar os canais e métodos apropriados para compartilhar sua mensagem.

No entanto, o mundo online é altamente competitivo e complexo, com uma quantidade esmagadora de conteúdo disputando a atenção das pessoas. Isso significa que simplesmente ter uma ótima história ou mensagem não é suficiente; você também precisa usar a abordagem correta para garantir que sua mensagem seja vista e ouvida pelas pessoas que precisam ouvi-la.

Para desenvolver seu sucesso e escalar efetivamente sua influência, é essencial aplicar os 5C:

Criatividade
Para se destacar em um cenário on-line lotado, é importante adotar uma abordagem única e

criativa. Isso significa pensar fora da caixa, ser vanguardista, experimentar novas ideias e ultrapassar limites para criar algo que possa realmente ressoar com seu público.

Conteúdo

Seu conteúdo é a espinha dorsal da sua presença e é essencial para criar conteúdo de alta qualidade, relevante e envolvente que agregue valor ao seu público. Esse valor do seu conteúdo deve beneficiar a saúde, os relacionamentos ou a situação financeira do seu público.

Comunicação

A comunicação eficaz é a chave para construir um relacionamento forte e envolvente com seu público. Isso significa não apenas compartilhar sua mensagem, mas também ouvir e responder ativamente a comentários, perguntas e comentários. Ao promover uma comunicação aberta e contínua com seu público, você pode criar confiança e se estabelecer como uma fonte confiável e confiável de informação e inspiração.

Colaboração

A colaboração é uma maneira poderosa de dimensionar seu impacto. Isso pode envolver a parceria com outros influenciadores, marcas ou organizações para criar conteúdo conjunto, eventos ou simplesmente interagir com outras pessoas em seu nicho ou campo.

Consistência

Consistência é a chave para construir uma presença forte e sustentável. Isso significa aparecer regularmente, fornecer conteúdo de alta qualidade de forma consistente e manter uma mensagem clara e coesa em todos os seus canais. Ao permanecer comprometido e focado a longo prazo, você pode construir um público fiel que confia e valoriza sua mensagem e é mais provável que se envolva e compartilhe seu conteúdo com outras pessoas.

7.3.3 Sustentar: Perpetuar seu Sucesso

Sublinhamos anteriormente a importância de criar um impacto duradouro que se estenda além de suas realizações imediatas. Para alcançar o sucesso eterno e deixar um legado positivo, é crucial manter o impacto que você já causou.
Mas o que exatamente é um impacto sustentável?

Um impacto sustentável é aquele que resiste ao teste do tempo, transcendendo além dos efeitos imediatos e de curto prazo de suas ações. Trata-se de criar um legado que continue a influenciar positivamente as gerações futuras e moldar o mundo mesmo depois que sua presença física deixar de existir.

Para criar um impacto sustentável, é essencial identificar as formas mais eficazes de fazer uma diferença positiva no mundo.

Isso pode envolver o estabelecimento de um negócio sustentável, apoiando causas alinhadas com seus valores ou investindo na educação e crescimento das gerações futuras.

Alinhando suas ações com seus valores e concentrando-se em resultados de longo prazo, você pode criar um impacto duradouro que continua a inspirar e motivar outras pessoas muito tempo depois de sua partida.

Para medir a sustentabilidade do seu impacto, você pode usar o método agir-impactar-reagir, mas desta vez aplicado à sustentabilidade em termos da duração do seu impacto.

Ao definir KPIs mensuráveis e acionáveis, você pode acompanhar a sustentabilidade do seu impacto ao longo do tempo.

Alguns exemplos de KPIs sustentáveis incluem o número de pessoas impactadas positivamente por seus esforços, a quantidade de recursos economizados ou conservados por meio de suas ações e até que ponto seu impacto continua a inspirar e motivar outras pessoas.

Ao revisar e ajustar regularmente esses KPIs, você pode garantir que seu impacto permaneça sustentável e continue fazendo uma diferença positiva no mundo.

Depois de estabelecer um impacto sustentável, você pode aplicar a abordagem dos 5C para expandir e aumentar seu alcance.

Ao focar na colaboração, conteúdo, comunicação, criatividade, consistência, você pode maximizar o impacto de seus esforços sustentáveis e criar uma mudança positiva ainda maior no mundo.

Em última análise, sustentar o impacto que você já causou é priorizar o bem maior e focar em resultados de longo prazo.

Ao fazer isso, você pode criar um legado que influencia positivamente as gerações futuras e as inspira a continuar sua missão de fazer uma diferença duradoura no mundo.

EXERCÍCIO 7
Faça engenharia reversa do seu sucesso

A engenharia reversa é o processo de começar com um resultado final e trabalhar para trás para determinar as etapas necessárias para alcançar esse resultado.

Ao fazer isso, você pode criar um roteiro claro que ajudará a dividir o resultado desejado em etapas e marcos gerenciáveis e usá-los para desenvolver um plano de ação claro que o guiará em direção ao sucesso.

Para aplicar a engenharia reversa aos seus objetivos pessoais, comece pelo resultado que deseja alcançar. Isso pode estar relacionado à sua carreira, relacionamentos, crescimento pessoal ou qualquer outra área da sua vida.

Abaixo estão 3 exemplos que ilustram o processo de engenharia reversa em diferentes cenários:

Exemplo 1: Plantando 1.000 Árvores

Exemplo 2: Gerando R$ 500.000

Exemplo 3: Perder 9 quilos

Exemplo 1: Plantando 1.000 Árvores

6. **Resultado final** : você está em uma bela floresta, cercado pelo som do farfalhar das folhas e pelo cheiro de terra fresca. Você está orgulhoso de sua conquista ao plantar 1.000 árvores e

comemorar com as pessoas que mobilizou.

5. Envolvimento da Comunidade: Você envolveu com sucesso um grupo de 100 voluntários que foram inspirados por sua iniciativa e ansiosos para contribuir para a causa.

4. Arrecadação de fundos: Você arrecadou os fundos necessários por meio de microdoações de seus seguidores e usou o dinheiro para comprar sementes online ou doá-las para uma associação que planta árvores.

3. Iniciativa Online: Você criou uma campanha online para pedir a seus seguidores que doassem dinheiro ou comprassem sementes online para plantar as árvores e compartilhou os locais onde as árvores seriam plantadas.

2. Decompondo: Você percebeu que plantar 1.000 árvores exigiria a ajuda de outras pessoas, então dividiu a meta em unidades menores:

- 1 pessoa plantando 1.000 árvores
- 10 pessoas plantando 100 árvores cada
- 100 pessoas plantando 10 árvores cada
- 1.000 pessoas plantando 1 árvore cada

1. Um Momento de Inspiração: Sua jornada começou quando você pensou em fazer algo de bom pelo meio ambiente e percebeu que, quebrando a meta, era possível plantar 1.000 árvores.

Exemplo 2: Gerando R$ 500.000

7. Resultado final : você lançou com sucesso uma rede de mercado de saúde e bem-estar on-line, gerando R$ 500.000 em receita em 10 meses. Sua plataforma está operando em 10 cidades, com 10 categorias de serviços de saúde e bem-estar e 10 provedores de serviços em cada categoria por cidade, cada um pagando R$ 50 por mês.

6. Expansão para 10 cidades: para conseguir isso, você expandiu com sucesso sua plataforma para 10 cidades, cada uma com 100 provedores de serviços, oferecendo uma gama diversificada de serviços de saúde e bem-estar.

5. Construindo uma rede forte: sua plataforma atraiu e integrou provedores de serviços suficientes em cada cidade, criando uma rede abrangente de saúde e bem-estar.

4. Promoção eficaz: A campanha promocional de dois meses que você executou gerou bastante interesse e conscientização entre os clientes e provedores de serviços em potencial, levando ao rápido crescimento da plataforma.

3. Desenvolvimento da plataforma: antes da promoção, você criou uma plataforma atraente e fácil de usar que oferecia recursos valiosos, como perfis, avaliações, agendamento de consultas e processamento seguro de pagamentos.

2. Pesquisando e selecionando cidades: você pesquisou e identificou 10 cidades com forte demanda por serviços de saúde e bem-estar, considerando fatores como tamanho da população, demografia e concorrência de mercado existente.

1. **Um Momento de Inspiração:** Sua jornada começou quando você fez um curso de marketing digital e se familiarizou com o conceito de redes de mercado. Inspirado, você decidiu criar sua própria rede de mercado de bem-estar, implementando o modelo de assinatura mensal de R$ 50 por mês para prestadores de serviços.

Exemplo 3: Perder 9 quilos

Imagine que você alcançou com sucesso sua meta de perda de peso, perdendo 9 quilos em 6 meses. Agora você se sente mais saudável, com mais energia e confiante em seu novo corpo. Vamos fazer a engenharia reversa do seu sucesso refazendo as etapas desde o resultado final até o estágio inicial.

7. **Resultado final :** Você está brilhando de orgulho depois de perder 9 quilos e atingir o peso desejado, sentindo uma sensação de realização.

6. **Comemorando marcos:** durante sua jornada, você comemorou marcos menores, como perder 2,3 quilos ou vestir um velho par de jeans. Isso o manteve motivado e animado para continuar trabalhando em direção ao seu objetivo final .

5. **Sistema de Apoio:** Você encontrou amigos e familiares para acompanhá-lo em sua jornada de

perda de peso, compartilhando dicas, incentivo e comemorando o sucesso uns dos outros. Essa rede de apoio ajudou você a se manter comprometido com seu objetivo.

4. Nutrindo seu corpo: Ao longo dos seis meses, você aprendeu a ouvir as necessidades de seu corpo, fazendo escolhas alimentares mais saudáveis e desfrutando de uma dieta balanceada com alimentos integrais, frutas e vegetais.

3. Encontrando alegria no exercício: você descobriu atividades físicas que realmente gostava, tornando mais fácil manter-se consistente com seus treinos. Isso ajudou você a se manter ativo e a queimar calorias enquanto se divertia.

2. Superando desafios: Houve momentos em que parecia muito difícil e você quase desistiu. Mas você se lembrou de seu objetivo e se apoiou em seu sistema de suporte para ajudá-lo a superar os momentos difíceis.

1. A centelha da inspiração: sua jornada começou quando um amigo próximo lhe enviou uma foto sua modificada digitalmente, mostrando sua potencial transformação. Ver como você ficaria depois de perder peso o motivou a assumir um compromisso firme de perder 9 quilos em seis meses, reconhecendo que queria melhorar sua saúde e se sentir mais confiante em seu corpo.
Ao trabalhar de trás para frente a partir do resultado final , você pode identificar as principais etapas e marcos que levaram ao sucesso projetado em vários cenários.

PARTE 3

CAPÍTULO 8

ESTÁ TUDO BEM

Cparabéns por chegar até aqui! Sua jornada pelo templo do impacto começou no estágio de "Nada está bem" e agora você chegou ao estágio de fortalecimento em que "Está tudo bem".

Isso não significa que todos os seus problemas foram resolvidos, mas sim que você alcançou com sucesso um estado de consciência de sucesso, onde você está no controle de sua vida e pode abraçar desafios enquanto explora oportunidades para se tornar a melhor versão de si mesmo.

Como mencionado anteriormente, o pináculo da montanha é apenas a base da próxima montanha, o que significa que a melhor versão de si mesmo é um processo dinâmico que exige continuamente de você para mantê-lo. Para ajudá-lo a manter esse estado, estamos integrando e estendendo este livro ao IMPACTAGON, uma plataforma de autoajuda alimentada por um site complementar, uma ferramenta, um programa e uma comunidade de " impactores ".

Depois de adotar a filosofia, a mentalidade e os comportamentos descritos nos 7 capítulos anteriores deste livro, você estará pronto para usar o IMPACTAGON e levar seu impacto para o próximo nível. IMPACTAGON é uma plataforma de autoajuda que fornece um gateway centrado no impacto para servir como seu assistente virtual de autoajuda. A plataforma é composta por:

8.1 O SITE COMPANHEIRO

O site complementar estende este livro com um FAQ, bem como recursos adicionais para obter uma compreensão mais profunda de cada capítulo.

8.2 A FERRAMENTA

A ferramenta IMPACTAGON é uma estrutura que fornece um sistema de impacto holístico. Esta ferramenta de autoajuda é composta por um octógono de impacto com 8 elementos e subelementos complementares.

8.3 O PROGRAMA

O programa IMPACTAGON é baseado no ciclo infinito do processo de ação-impacto-reação, abrangendo uma ampla gama de programas de ação relacionados à saúde, relacionamentos, finanças e aspectos vitais da vida.

8.4 A COMUNIDADE

A comunidade de impactadores é uma rede " glocal " de indivíduos com ideias semelhantes que se esforçam para maximizar o impacto para si mesmos, para a sociedade e para o meio ambiente. Cada membro que ingressa recebe papéis e responsabilidades com base no status, aspirações e progresso de seu nível de impacto.

8.1 O SITE COMPLEMENTAR

Todos os capítulos deste livro foram apresentados sob uma abordagem de pensamento linear, abrangendo uma visão geral dos aspectos cruciais da vida.

Esta visão geral serve como uma base versátil que permite maximizar seu impacto em qualquer situação, independentemente do tempo, local, pessoas, maneira e contexto.

Para ajudá-lo a obter uma compreensão mais profunda de qualquer tópico específico deste livro e aprender mais sobre como ele se aplica à sua vida, criamos um site complementar.

Este site conecta cada capítulo do livro a recursos adicionais na plataforma IMPACTAGON, como perguntas frequentes e material detalhado.

O site complementar fornece uma experiência de aprendizagem interativa que complementa o formato estático do livro. Oferece ferramentas e recursos que se adaptam às suas necessidades e às necessidades da comunidade, permitindo explorar temas específicos e obter uma compreensão mais relevante e eficaz do material.

Essa abordagem de informações sob demanda cria uma experiência mais envolvente e personalizada.

Nossa abordagem abrangente combina pensamento linear e vertical, tornando a experiência de aprendizado dinâmica e interativa.

8.2 A FERRAMENTA

Para consolidar a base adquirida por meio deste livro, criamos a ferramenta de autoajuda IMPACTAGON, uma estrutura para você adotar um sistema de impacto holístico.

Esta ferramenta de autoajuda é composta por um octógono de impacto com 8 elementos complementares entre eles: Informação, Corpo, Mente, Coração, "VOCÊ", Meio Ambiente, Sociedade e Poder.

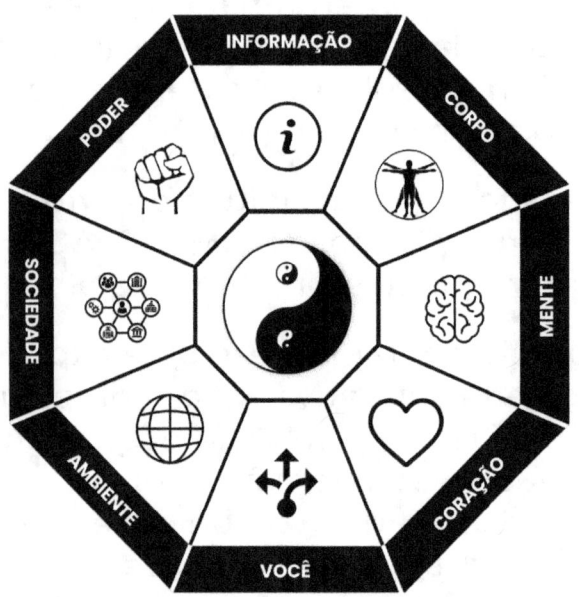

Cada elemento é composto por 3 subelementos complementares que convergem para uma abordagem centrada no impacto. Observe que esses subelementos estão sujeitos a alterações, portanto, verifique-os regularmente online. Para começar, vamos explorar a conexão entre os 8 elementos:

A informação serve como um elo vital entre seus mundos interno e externo, moldando as formas como você se envolve consigo mesmo, com a sociedade e com o meio ambiente.

É importante observar que, embora a informação possa contribuir para a criação do conhecimento, é a interpretação e análise da informação pelo indivíduo que, em última análise, determina se ela se torna significativa ou não.

Dominar a arte de recolher, processar e comunicar informação é essencial para cultivar os outros 7 elementos geradores de impacto, razão pela qual a Informação é a pedra angular desta ferramenta de autoajuda.

Ao aplicar informações relevantes ao seu corpo, você pode adotar um estilo de vida mais saudável, incorporando a noção de mente sã em corpo são. Esta sinergia promove o bem-estar geral e aumenta a sua capacidade de crescimento.

Uma mente saudável abre caminho para um pensamento claro e conciso, promovendo uma comunicação harmoniosa entre a mente e o coração. Seus pensamentos e emoções estão inextricavelmente ligados, formando um vínculo dinâmico e poderoso que influencia suas decisões e ações. Cultivar a mentalidade certa permite uma interação perfeita entre a mente e o coração, com o coração servindo como uma bússola orientadora para suas emoções e pensamentos. Ao unir a inteligência racional da mente com a inteligência emocional do coração, você nutre sua alma. As conexões e a arquitetura do corpo, mente, coração e alma são orquestradas pelo quinto elemento de sua identidade: "VOCÊ".

Como o catalisador para a tomada de decisão e ação, "VOCÊ" é responsável por otimizar o processo de tomada de decisão e gerenciar com eficiência os recursos externos dos reinos natural, físico e digital. Ao fazer isso, você maximiza seu impacto enquanto promove relacionamentos e interações significativas na sociedade.

Ao aproveitar o poder da sociedade, compreendendo pessoas, instituições e sistemas, você acessa um conjunto coletivo de conhecimento e recursos, ampliando seu impacto e solidificando seu papel como agente de transformação em um mundo em rápida evolução. Em última análise, esses esforços coletivos resultam na obtenção do Poder. O poder, manifestado como riqueza, influência e autoridade, é a força suprema que pode ampliar exponencialmente o impacto que você causa no mundo. Ao aproveitar as conexões entre Informação, Corpo, Mente, Coração, VOCÊ, Meio Ambiente, Sociedade e Poder, você pode liberar seu potencial para efetuar mudanças transformadoras e deixar uma marca positiva duradoura no mundo.

Vamos agora orientá-lo através da ferramenta de autoajuda, explicando como cada elemento e subelemento convergem para uma abordagem centrada no impacto.

INFORMAÇÕES: Coletar. Processar. Comunicar.

Ao dominar os 3 estágios do processo informacional: coleta, processamento e comunicação, você otimiza sua capacidade de coletar dados relevantes e precisos, analisá-los com eficiência e compartilhá-los com outras pessoas de maneira clara e envolvente. Estar ciente da fonte e qualidade da informação garante que sua compreensão seja fundamentada em fatos, permitindo que você faça escolhas informadas.

Além disso, reconhecer que as informações são recebidas por meio dos 5 sentidos permite que você adapte sua abordagem de comunicação para se adequar ao seu público, promovendo melhores conexões e aumentando seu impacto geral.

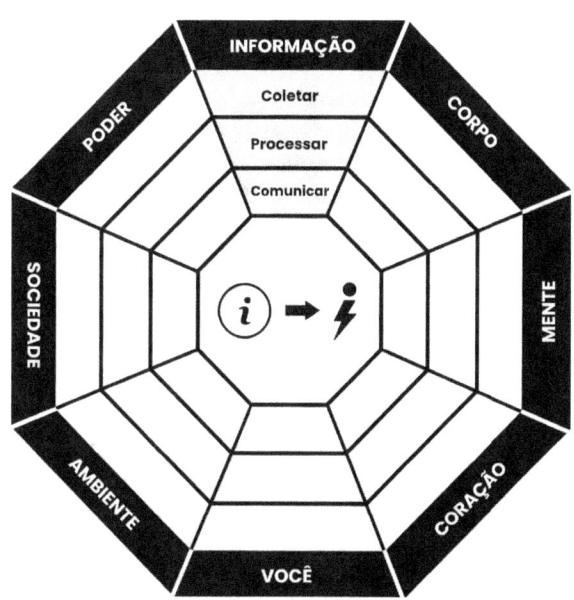

CORPO: Conheça-o. Nutra-o. Use-o.

Agora que você domina o processo informativo, pode coletar as informações apropriadas para aumentar sua compreensão de seu corpo, como alimentá-lo e como fazer o melhor uso dele de acordo com seus objetivos de impacto.

Ao integrar esse conhecimento e estar ciente das limitações do seu corpo, você pode melhorar seu bem-estar geral, produtividade e resiliência, aumentando a qualidade de um estilo de vida saudável enquanto explora as capacidades do seu corpo.

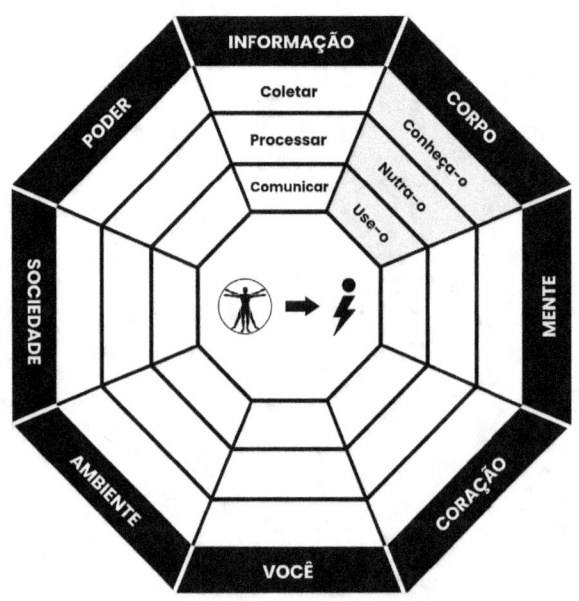

MENTE: Acreditar. Contemplar. Planejar.

Depois de adotar um estilo de vida saudável e aproveitar o poder da mente, você será capaz de pensar com mais clareza abordando os subelementos: Acredite. Contemplar. Plano.

Desenvolver um sistema de crenças que inclua crenças fortalecedoras enquanto supera crenças limitantes abrirá o caminho para o crescimento e sucesso pessoal. A contemplação permite a reflexão sobre os pensamentos, promovendo uma compreensão mais profunda de sua paisagem mental. A partir daí, o planejamento ajuda você a definir metas alcançáveis, priorizar tarefas e alocar recursos de forma eficiente, garantindo o maior impacto em seus objetivos.

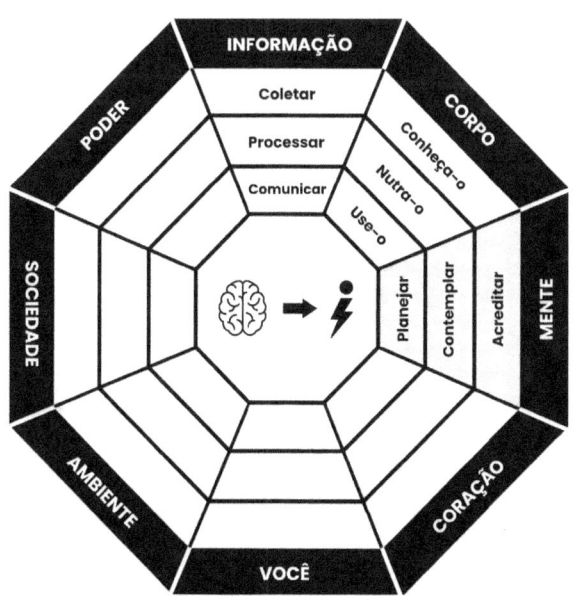

CORAÇÃO: Entender. Conectar. Canalizar.

A forma como você pensa é a forma como você sente e a forma como você sente é a forma como você pensa. Ao adotar a mentalidade certa, você melhorará sua compreensão das emoções e promoverá a comunicação entre a mente e o coração, onde o coração serve como uma bússola entre suas emoções e pensamentos.

Essa conexão aprimorada entre mente e coração permite que você canalize sua energia e emoções de maneira eficaz, maximizando seu impacto. Ao focar na compreensão, conexão e canalização das emoções, você alcança um maior senso de equilíbrio e harmonia em sua vida, amplificando sua influência e impacto no mundo.

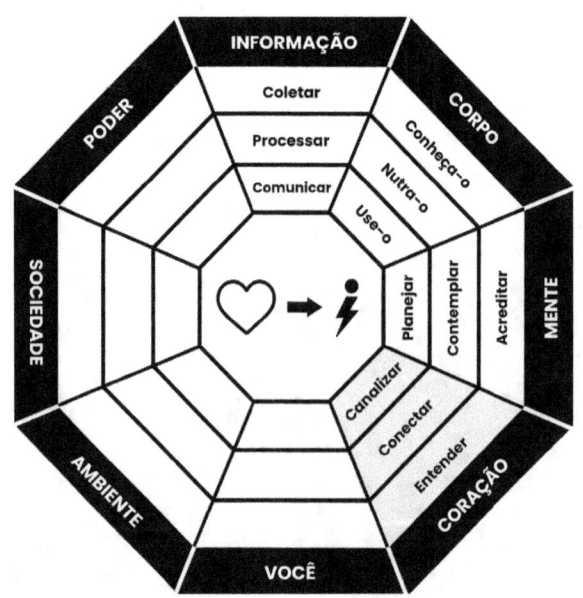

VOCÊ: Orquestrar. Decidir. Agir.

O domínio dos elementos anteriores, incluindo corpo, mente, coração e alma, capacita "VOCÊ" a maximizar seu impacto. Ao entender e se beneficiar da interconexão desses elementos, você cria uma base sólida para otimizar sua consciência e tomada de decisão.

À medida que "VOCÊ" orquestra a interação harmoniosa entre corpo, mente, coração e alma, você aprimora sua capacidade de tomar decisões bem informadas e impactantes. Essa maior capacidade de decisão, por sua vez, leva a ações mais efetivas, permitindo que você atinja seus objetivos e crie uma mudança positiva e duradoura no mundo.

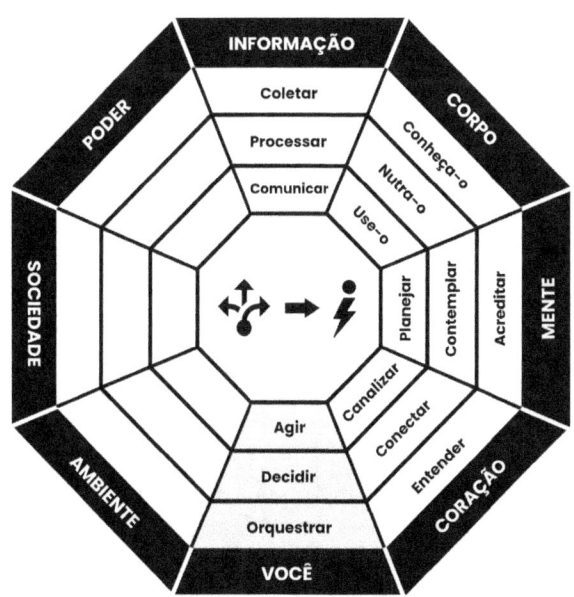

MEIO AMBIENTE: Natural. Físico. Digital.

Depois de dominar seus recursos internos, a próxima etapa para maximizar seu impacto é aproveitar os recursos externos disponíveis no ambiente. O ambiente é composto por 3 subelementos: Natural, Físico e Digital.

Os recursos naturais incluem água, ar, terra, plantas e animais, bem como tudo o que deles deriva. Os recursos físicos compreendem matérias-primas, produtos processados e produtos ultraprocessados, enquanto os recursos digitais referem-se a todos os materiais tecnológicos que estão conectados. Ao utilizar esses recursos de maneira ética, você pode dimensionar seu impacto.

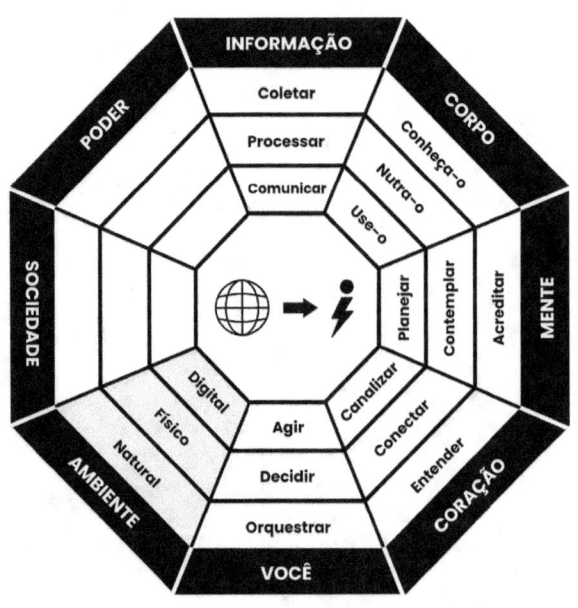

SOCIEDADE: Pessoas. Instituições. Sistemas.

A sociedade compreende pessoas, instituições e sistemas que interagem uns com os outros para moldar nosso mundo.

Ao aproveitar o poder da sociedade e entender suas nuances, você pode explorar um conjunto coletivo de conhecimento, ampliando seu impacto e solidificando seu papel como agente de transformação em um mundo em rápida evolução.

As pessoas, como força motriz por trás da sociedade, e as instituições, como estruturas que facilitam seus esforços coletivos, são essenciais para criar uma estrutura de ação coletiva. Os sistemas, como redes complexas que governam a sociedade, influenciam as regras de engajamento e os caminhos para a mudança transformadora.

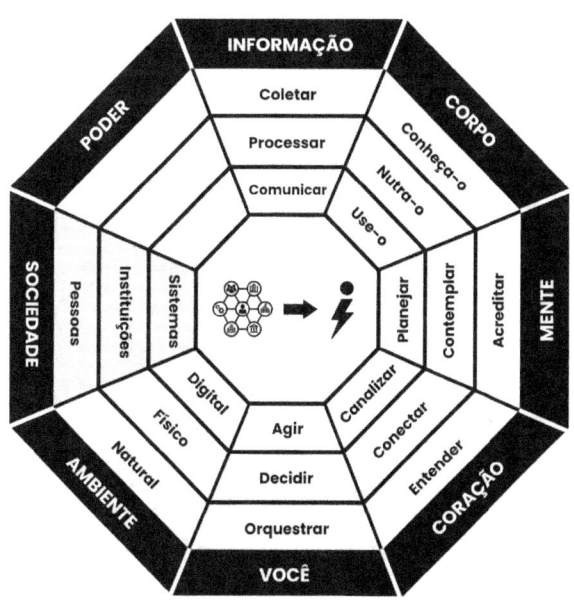

PODER: Riqueza. Influência. Autoridade.

Quanto mais potência você tiver, maior será a margem de manobra para maximizar o impacto.

O poder se manifesta como riqueza, influência e autoridade, o que pode ampliar exponencialmente o impacto que você causa no mundo.

Riqueza & Dinheiro são ferramentas poderosas que podem ser usadas para financiar projetos, apoiar causas e criar oportunidades de crescimento e mudança. A influência é a capacidade de afetar o comportamento e as decisões dos outros, tornando-se um ativo crítico para criar mudanças significativas em escala. Por fim, a autoridade é o poder de impor decisões e políticas, permitindo que você implemente sua visão e crie mudanças duradouras.

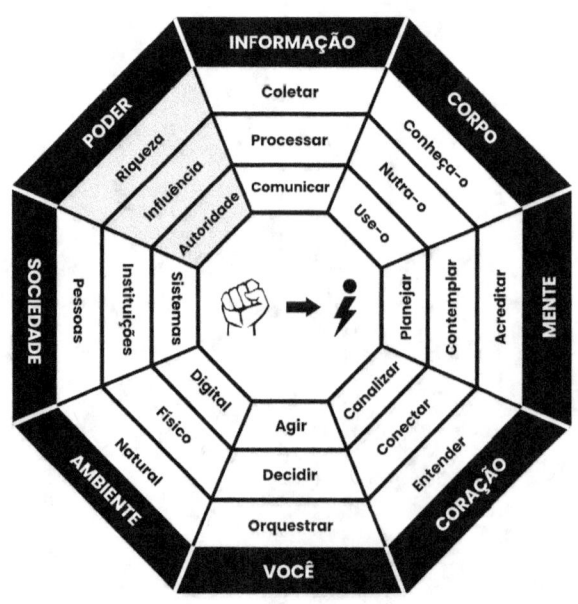

Portanto, a ferramenta de autoajuda IMPACTAGON é uma poderosa estrutura centrada no impacto que o equipa com uma abordagem holística da vida, combinando 8 elementos complementares com seus respectivos subelementos que convergem para o impacto.

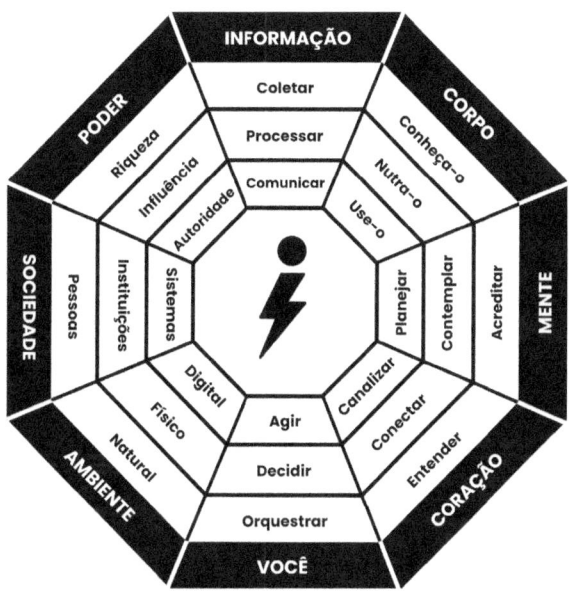

Embora essa ferramenta amplie o conhecimento e os insights compartilhados no livro, a plataforma IMPACTAGON complementa e aumenta ainda mais a eficácia da ferramenta.

O programa oferece um caminho estruturado e acionável para colocar em prática as metodologias aprendidas, enquanto a comunidade promove uma rede colaborativa de indivíduos com ideias semelhantes, todos comprometidos em maximizar o impacto para si mesmos, para a sociedade e para o meio ambiente.

8.3 O PROGRAMA

Depois de ler o livro, complementado pelo site complementar e pela ferramenta de autoajuda, você estará totalmente equipado com uma compreensão clara de seus objetivos, aspirações e planos sobre como alcançá-los, deixando-o a um passo de agir . .

O programa IMPACTAGON é um programa de ação e ação de autoajuda, construído sobre o processo de ação-impacto-reação, que é um ciclo infinito de excelência.

Esse processo envolve tomar a ação mais eficiente em direção a um objetivo, avaliar o impacto dessa ação e reagir de acordo, ajustando o curso da ação ou estabelecendo novas metas refinadas.

O programa enfatiza um conjunto concreto de ações pré-construídas que cobrem uma ampla gama de tópicos, incluindo saúde, relacionamentos, finanças, bem como outros aspectos vitais da vida.

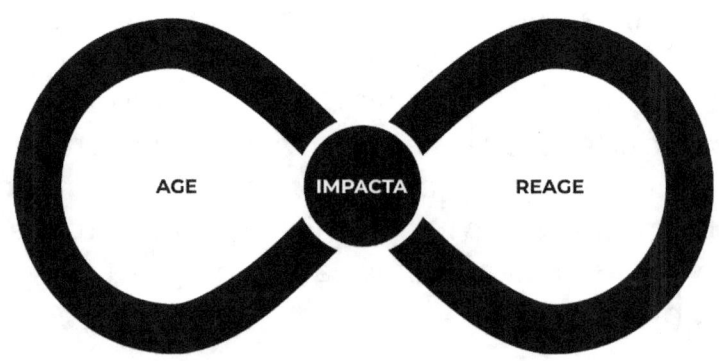

8.4 A COMUNIDADE

Desde o início, nossa visão para este livro sempre foi criar a partir dele uma comunidade de indivíduos com ideias semelhantes que compartilham o propósito comum de maximizar o impacto para si mesmos, para a sociedade e para o meio ambiente.

Como arquitetos desta iniciativa, nos esforçamos para orquestrar a comunidade de uma forma que capacite cada membro a atingir seus objetivos pessoais dentro de um contexto coletivo, para que possamos alcançar juntos o chamado "impacto exponencial".

Com este livro, estabelecemos para você uma base sólida, complementada pela plataforma de autoajuda que serve como uma estrutura dinâmica centrada no impacto. Isso fornece a você um passaporte para ingressar em uma comunidade global de "impactores", onde o apoio mútuo e a colaboração impulsionarão seu impacto a novos patamares, criando um novo círculo de indivíduos com ideias semelhantes em sua sociedade.

Após a aprovação do perfil, você será bem-vindo à comunidade e receberá funções e responsabilidades adaptadas às suas aspirações e objetivos. Nosso sistema de correspondência inteligente combina você com membros para uma colaboração mutuamente benéfica, enquanto nosso mapeamento estratégico vincula seus objetivos às oportunidades de impacto existentes. Isso transforma nossa comunidade em um próspero centro "glocal" de impacto.

Conforme você avança, a comunidade evolui ao seu lado, oferecendo oportunidades para viajar, participar e organizar eventos, retiros, workshops, webinars... Você pode assumir várias funções, como embaixadores, cônsules, mentores... inspirar outras pessoas a se juntarem à jornada.

Sua contribuição única para a sabedoria coletiva atua como um catalisador para a mudança na vida de outras pessoas, e nosso sistema de meritocracia reconhece seus esforços, permitindo que você cresça dentro da comunidade com base em suas contribuições e no impacto que você cria.

Em última análise, fazer parte da comunidade de impactadores significa comprometer-se com algo maior do que você mesmo. Ao unir-se a pessoas com ideias semelhantes em todo o mundo, você contribui para um futuro mais brilhante e mais compassivo, enraizado na empatia e no desejo compartilhado de fazer a diferença. Abrace seu lugar na comunidade Impacters e, juntos, vamos impactar o mundo.

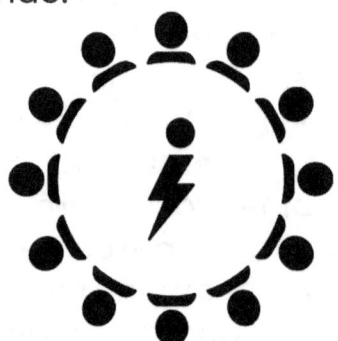

EXERCÍCIO 8
Ferramenta de autoajuda

Se você fosse projetar uma ferramenta de autoajuda usando um polígono personalizado com seu número preferido de lados e elementos, qual abordagem você adotaria?

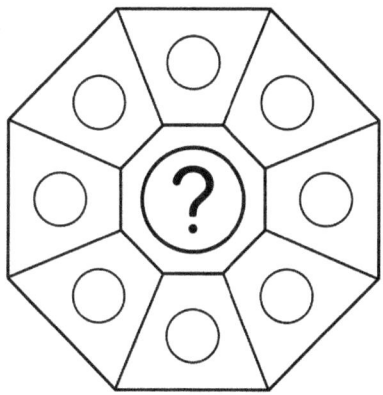

Mesma pergunta incluindo os subelementos...

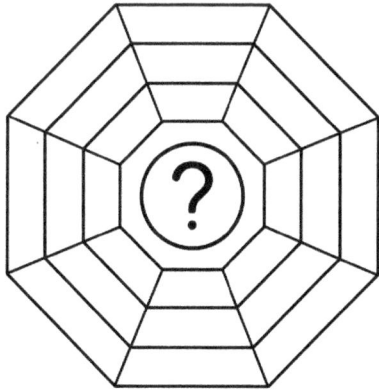

Compartilhe suas respostas e explore as dos membros de nossa comunidade em impactagon.com

" N̶Ã̶O̶ ESTÁ TUDO BEM"
De um livro a uma ferramenta, programa e comunidade...

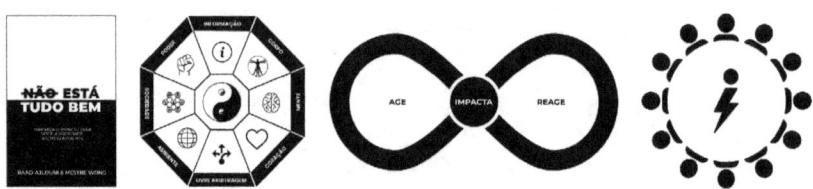

"ESTE FOI O CAPÍTULO FINAL DO LIVRO, QUE, ESPERO, SE TORNARÁ UM NOVO CAPÍTULO NA SUA VIDA."

Por
RAAD AJLOUNI & MESTRE WONG

Distribuído por
impactagon.com

O INÍCIO...

CRÉDITOS

Os ícones usados neste livro são de:

Flaticon (flaticon.com) e Freepik (freepik.com), ambos licenciados sob CC BY 3.0.

www.ingramcontent.com/pod-product-compliance
Lightning Source LLC
Chambersburg PA
CBHW070632220526
45466CB00001B/155